신앙 · 비밀 · 생명 · 상속

하나님 나라

신앙 · 비밀 · 생명 · 상속

하나님 나라

발　　행 | 2016년 12월 01일

발 행 처 | 예수교대한성결교회 총회(도서출판JKSC)

발 행 인 | 이동석

편 집 인 | 이강춘

편　　집 | 예수교대한성결교회 총회 교육국

　　　　　 www.sungkyul.org

등　　록 | 1974.2.1. No. 300-1974-2

보 급 처 | 대한기독교 나사렛성결회 총회 교육국

　　　　　 02-2643-8591-2

　　　　　 예수교대한성결교회 총회 교육국

　　　　　 070-7132-0020~1

제　　작 | 도서출판 하늘기획

값 9,000원

신앙 · 비밀 · 생명 · 상속

하나님 나라

도 서 출 판

하나님 나라에 소망을 두는 삶

사람은 교육을 통해 가치관과 행동, 인성의 변화를 경험하게 되고 이러한 과정을 통해 개인과 공동체의 보다 발전된 미래를 설계하기도 합니다. 따라서 사람에게 교육은 필수적이고도 중요한 과정이라고 생각합니다.

특별히 기독교 교육은 하나님과 예수 그리스도를 알고 그 분을 본받아 삶의 현장에서 아름다운 열매와 하나님 나라를 경험하게 하는 가장 중요한 과정입니다. 따라서 기독교 교육은 하나님의 말씀에 근거해야 하며 그 모든 중심에는 예수 그리스도가 계셔야 합니다. 나아가 하나님의 백성으로 부름 받은 모든 그리스도인들은 바울 서신에 기록된 것처럼 "하나님의 아들을 믿는 것과 아는 일에 하나가 되어 온전한 사람을 이루어 그리스도의 장성한 분량이 충만한 데까지"(엡 4:13) 이르고 매일 매일 성숙한 하나님 나라의 백성으로 성장해 나아가야 합니다. 믿는 것과 아는 것이 분리된 것이 아니라 하나가 되도록 삶을 살아야 합니다.

현대는 미디어들의 발달로 각종 정보들이 홍수처럼 밀려들고 있습니다. 그 영향력이 너무나 막강하여 자칫 세상문화에 휩쓸리고 신앙과 삶이 분리되기 쉬운 시대가 되었습니다. 이제 그리스도인은 예전보다 더 신앙교육과 삶을 통해 세상을 이끌고 말씀으로 변화시키는 빛과 소금이 되어야 합니다.

이러한 사명을 감당하는 그리스도인이 되도록 우리 교단에서는 매년 구역공과를 출간하고 있습니다. 특별히 하나님 나라 공과는 '하나님 나라 백성으로 갖춰야 할 신앙'에 중심을 두었습니다. 성도들이 세속적인 법칙을 따라 살아가는 것이 아니라, 하나님 나라 백성으로서 율례와 법도를 지키며 살아가도록 도움을 주는 데 초점을 맞추었습니다. 본 교재를 통해 많은 그리스도인들의 삶이 하나님 나라 백성의 삶으로 회복되어지고 나아가 세상에 참된 소망을 제시하게 되기를 기대합니다.

끝으로 교재를 위해 헌신한 주의 종들에게 풍성한 하나님의 은혜가 있기를 기도하며 기쁜 마음으로 이 땅의 모든 그리스도인들에게 본 교재를 추천합니다.

이동석 목사
예수교대한성결교회 총회장

더 큰 부흥을 이루라

"날마다 마음을 같이하여 성전에 모이기를 힘쓰고 집에서 떡을 때며 기쁨과 순전한 마음으로 음식을 먹고 하나님을 찬미하며 또 온 백성에게 칭송을 받으니 주께서 구원 받는 사람을 날마다 더하게 하시니라" (행 2:46~47)

하나님 나라와 십자가의 복음을 위해 세워진 주님의 몸 된 교회는 믿음의 가정으로부터 시작되었습니다. 세계 교회의 모체(母體)가 되는 예루살렘교회 역시 마가의 집 다락방에서부터 시작되었기 때문입니다. 그만큼 믿음의 가정은 교회의 중추(中樞)인 동시에 가장 중요한 요체(要諦)가 됩니다. 믿음의 가정에서 태어나고 자란 신실한 생명 한 사람 한 사람에 의해 또 다른 믿음의 가정들이 세워지고, 그 믿음의 가정들을 통해 또 다시 거룩한 성민(聖民)들이 배태(胚胎)되고 아름답게 성장합니다. 이처럼 믿음의 가정이 믿음의 반석 위에 굳게 세워지지 않거나 말씀과 기도, 사랑과 은혜 가운데 부흥하지 못하고는 현대 교회의 진정한 부흥은 요원(遼遠)할 뿐입니다.

주께서는 믿음의 모든 가정들이 예수 안에서 함께 연합하고 결속되어 아름다운 주님의 몸 된 교회로 지어져가고 부흥하기를 원하십니다. "그리스도 예수 안에서 함께 지어져 가느니라"(엡 2:22). 이와 같은 중대한 맥락에서 교회의 구역 또는 소그룹 모임과 예배를 위한 공과는 재론할 여지없이 소중합니다.

한국성결교회연합회가 '통합과 일치'라는 한국교회사의 큰 역사적 지평을 열고 출범된 이후, 다양한 차원에서의 괄목할 만한 성과와 의미 깊은 행적을 이어가고 있는 가운데, 교단이 함께 구역공과를 출판하여 사용하게 되었다는 것은 더욱 의미가 크고 감사한 일이 아닐 수 없습니다. 그만큼 이 구역공과가 더 큰 부흥의 역사를 이루는 값진 도구가 되기를 기도합니다. 이 귀한 사역을 위해 수고하신 각 교단의 임원들과 교육국장, 그리고 실무진 모두에게 큰 격려와 감사를 전합니다.

김영수 목사
대한기독교 나사렛성결회 총회감독

이렇게 사용하세요

1. 본 교재의 특징

(1) 회원용과 인도자용 구별하지 않았습니다.

(2) 개인적으로 읽거나 소그룹 별로 함께 나눌 수 있도록 구성했으며 구역이나 속회, 셀 모임에서 사용할 수 있도록 예배 형태로 구성했습니다.

(3) **쉬운 책입니다.**
 하나님 나라의 신앙, 비밀, 생명, 상속을 '하나님 나라' 라는 큰 주제에 담았습니다. 누구나 쉽게 알 수 있고 실천할 수 있도록 이끌어줍니다.

(4) **단순한 책입니다.**
 이 땅에서도 하나님 나라를 경험하며 어려운 환경에서도 승리할 수 있도록 구체적이고 단순하게 가르치고 인도해 줍니다.

(5) **부담 없는 책입니다.**
 모임에 참여하는 성도들이 편하고 재미있게 접근할 수 있도록 알차게 구성했습니다. 또한 성경을 공부하는 것에서 끝나지 않고 실제적으로 적용할 수 있는 말씀 실천하기와 합심 기도를 서로 나눌 수 있도록 했습니다. 이를 통해 주님의 명령을 혼자만이 아닌 공동체 전체가 말씀 앞에 순종하고 결단의 기도까지 할 수 있도록 이끌어 줍니다.

(6) 교회력에 따라 절기(부활, 맥추, 추수, 성탄)는 부록으로 편집하여 활용도를 높였습니다.

＊성경은 개역개정 4판을, 찬송은 새찬송가를 기준으로 했습니다.

2. 예배형태로 진행시 사용방법

문안 ▶ 신앙고백 ▶ 찬송 ▶ 기도 ▶ 말씀(살피기, 나누기, 실천하기) ▶ 합심 기도하기
▶ 찬송(헌금) ▶ 헌금기도 ▶ 주기도문 ▶ 광고(다음 모임) ▶ 교제와 친교

(1) 진행방법

① 회원들이 모이면 서로 문안하고 받을 은혜를 위해 각자 기도합니다.
② 사도신경으로 신앙을 고백하고 찬송을 부른 후 대표기도(회원 가운데)를 합니다.
③ 이룰 목표를 다 같이 읽습니다.
④ 교재의 성경말씀을 한 절씩 돌아가며 읽습니다.
⑤ 새길 말씀은 본문의 핵심구절이기에 암송하면 유익합니다.
⑥ 본문 살피기의 질문을 회원들과 함께 나눕니다.
⑦ 말씀 나누기를 인도자가 선포합니다.
⑧ 말씀 실천하기를 함께 나눕니다. 금주의 실천사항을 한 가지 적습니다.
⑨ 합심 기도하기 제목과 긴급한 기도를 놓고 합심으로 기도합니다(회원 가운데
　성령의 인도하심을 따라 마침기도를 하는 것도 유익합니다).
⑩ 예배 형태로 진행시 헌금찬송과 함께 헌금을 드립니다(미리 헌금봉투에 담아
　준비합니다).
⑪ 광고시간에 다음 모임의 장소와 시간을 정하고 모임과 행사 등을 광고합니다.
⑫ 예배 형태로 진행시 주기도문으로 예배를 마칩니다.

(2) 사용방법

① **이룰 목표**　　해당 모임 시간에 이룰 목표의 큰 그림을 설명해 놓았습니다.
② **본문 살피기**　본문에 기록된 긴단한 질문과 답을 통해 본문 내용의 이해를
　　　　　　　　돕습니다.
③ **말씀 나누기**　본문 말씀과 주제를 중심으로 쉬운 본문 해설을 제공합니다.
④ **말씀 실천하기** 전체 교육 내용을 정리해서 다시 한 번 핵심을 강조합니다.
　　　　　　　　삶에 적용할 수 있는 탁월하고 예리한 질문들을 통해 삶으로
　　　　　　　　말씀을 실천할 수 있는 유익을 줍니다.
⑤ **합심 기도하기** 본문을 통한 구체적인 기도의 방향과 제목을 제공합니다.

＊첫 모임 시간에 회원 간의 기도제목을 나누고 함께 기도합니다.

차 례
CONTENTS

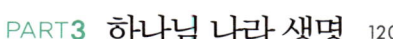

하나님 나라는 하나님의 백성들이 갖추어야 될 신앙의 기준과
삶의 모습을 제시하므로 이 땅에서 하나님 나라를 소망하는 신앙을
가지고 힘 있게 살아갈 수 있도록 이끌어 줄 것이다.

하나님 나라 신앙

PART 1

θεου και τινι ομοιωσω αυτην
κηπον εαυτου και ηυξησεν και εγενετο εις δενδρον μεγα και τα
ου

ι ομοιωσω την βασιλειαν
σατα τρια εως ου εζυμωθη ολον

θεου και τινι ομοιωσω αυτην
ον εαυτου και ηυξησεν και εγενετο εις δενδρον μεγα και τα
να του ουρανου κατεσκηνωσεν εν τοις κλαδοις αυτου
ι ομοιωσω την βασιλειαν
υ σατα τρια εως ου εζυμωθη ολον

01 하나님 나라와 부르심

본문 말씀 출 3:1~12

이룰 목표 ▶ 부르심의 목적이 하나님 나라를 회복하는 것임을 안다.
　　　　　 ▶ 하나님의 부르심에 순종하여, 사명에 충성을 다하는 성도가 된다.

본문 살피기 ▶ 여호와의 사자가 어디에서 모세를 불렀습니까?(2절)
　　　　　　 ▶ 여호와의 사자가 모세에게 지시한 것은 무엇입니까?(5절)
　　　　　　 ▶ 모세에게 주신 하나님의 약속은 무엇입니까?(12절)

소그룹예배 인도 순서

사도신경 다 같이

찬　　송 317장 (통 353)

기　　도 회원 중

본문 말씀 출 3:1~12

새길 말씀 출 3:5

헌금 찬송 311장 (통 185)

헌금 기도 회원 중

주기도문 다 같이

말씀 나누기

　최초의 인간인 아담은 죄를 범함으로 하나님 나라에서 추방당했습니다. 하나님의 통치를 거부한 아담은 하나님과 같아지고 싶은 교만 때문에 죄를 범하고 말았습니다. 아담이 범죄 했을 때 하나님을 찾아 오셔서 "아담아 네가 어디에 있느냐?"라고 부르며 찾으셨습니다. 이 부르심은 하나님을 등진 모든 인류를 향하여 지금도 계속되고 있습니다.

　본문에는 모세가 하나님의 부르심을 받는 장면이 나옵니다. 모세는 미디안 광야에서 양을 치는 목자으로 40년을 살았습니다. 나이도 벌써 80세였습니다. 하나님께 자신의 무능력을 내세워 부르심에 순종하지 못하겠다고 몇 번이나 거절하였지만 하나님은 그러한 모세를 부르셔서 잃어버린 하나님의 나라를 회복시키는 일꾼으로 삼으셨습니다. 그러면 하나님께서는 어떠한 상황에 있는 모세를 부르셨는가를 살펴보겠습니다.

1. 미디안 광야에서 양치고 있는 모세를 부르셨습니다

애굽의 왕자였던 모세는 바로의 칼을 피해서 미디안 광야로 도망 친 그곳에서 아내를 만나고, 처갓집의 양을 치는 목자가 되었습니다. 어느 날 양치는 모세를 하나님께서 찾아오셨고 그를 부르셨습니다. 광야에서 양을 치는 일은 하찮게 여길 수도 있었지만 모세는 적은 일 일지라도 소중하게 여기고 충실하게 일하였습니다. 하나님은 이러한 모세를 장정 60만의 이스라엘 백성을 구원하여 광야에서 인도하는 지도자로 세우셨습니다.

하나님은 평범하지만 자기 앞에 충성된 사람, 자기가 마땅히 해야 할 일을 성실히 감당하는 사람을 하나님의 일꾼으로 부르십니다. 가정이나 교회, 또는 직장에서 맡은 일이 비록 작다 할지라도 맡은 일에 충성하는 자를 부르셔서 하나님 나라 일꾼으로 삼으십니다. 사도 바울도 "나를 능하게 하신 그리스도 여수 우리 주께 내가 감사함은 나를 충성되이 여겨 내게 직분을 맡기심이니"(딤전 1:12)라고 하였습니다. 사도 바울 자신이 똑똑하거나 가문도 좋고 돈도 많기 때문이 아니라 오로지 주님을 향한 충성을 보고 직분을 맡겼다는 것입니다. 이처럼 자신에게 주어진 일에 충성하는 사람을 하나님께서 부르시고 세우십니다.

"내가 또 주의 목소리를 들으니 주께서 이르시되 내가 누구를 보내며 누가 우리를 위하여 갈꼬 하시니 그때에 내가 이르되 내가 여기 있나이다 나를 보내소서 하였더니"(사 6:8)

2. 떨기나무 불꽃 가운데서 모세를 부르셨습니다

모세가 하나님의 산 호렙에서 양을 치고 있을 때 하나님께서 그를 부르셨습니다. 본문 2절에 보면 "여호와의 사자가 떨기나무 불꽃 가운데서 그에게 나타나시니라 그가 보니 떨기나무에 불이 붙었으나 사라지지 아니하는지라"라고 하였습니다. 여기서 '떨기나무'는 광야에 있는 가시나무를 가리킵니다. 그 나무는 볼품도 없고 가치도 없습니다. 이 떨기나무는 미디안에서 양치는 모세의 형편과 애굽에서 고통당하는 이스라엘 백성들의 형편을 가리키는 것 같습니다. 그런 나무에 불이 붙었다는 것은 하나님의 임재하심을 의미합니다. 이처럼 떨기나무같이 보잘 것 없고, 쓸모없는 자라 할지라도 하나님이 함께 하시면 아름답고 존귀하게 쓰임 받습니다.

사도바울은 고린도전서 1장에서 "하나님께서 세상의 미련한 것들을 택하사 지혜 있는 자들을 부끄럽게 하려 하시고 세상의 약한 것들을 택하사 강한 것들을 부끄럽게 하려 하시며 하나님께서 세상의 천한 것들과 멸시받는 것들과 없는 것들을 택하사 있는 것들을 폐하려 하시나니 이는 아무 육체라도 하나님 앞에서 자랑하지 못하게 하려 하심이라"(고전 1:27~29)고 말씀하셨습니다. 우리들도 떨기나무와 같은 존재임을 인정하고 하나님 앞에 나아가면 하나님께서 부르시고 사용하십니다.

"거기서 더 가시다가 다른 두 형제 곧 세베대의 아들 야고보와 그의 형제 요한이 그의 아버지 세베대와 함께 배에서 그물 깁는 것을 보시고 부르시니"(마 4:21)

3. 하나님은 모세에게 출애굽의 사명을 주셨습니다

모세가 불붙은 떨기나무를 보려고 가까이 갈 때에 "하나님이 가라사대 이리로 가까이하지 말라 너의 선 곳은 거룩한 땅이니 네 발에서 신을 벗으라"(5절)고 하셨습니다. 너의 선 곳은 거룩한 땅이라는 것입니다. 하나님은 거룩하신 분이십니다. 그러므로 하나님이 임재하신 곳은 거룩한 곳입니다. 그래서 "네 발에서 신을 벗으라"고 하셨습니다. 옛날에 종들은 신을 신지 않고 다녔다고 합니다. 그러므로 신을 벗는다는 것은 그 명령에 절대 복종하는 종이 된다는 의미입니다. 우리가 하나님의 부르심을 받았다는 것은 바로 자기의 신을 벗어야 한다는 것을 의미합니다. 이제 내가 주인이 아니라는 것입니다. 이제부터 신을 벗고 주인의 명령을 기다리는 종이 되라는 뜻입니다. 그러면 모세가 할 일은 무엇입니까? 10절에 기록된 "이제 내가 너를 바로에게 보내어 너로 내 백성 이스라엘 자손을 애굽에서 인도하여 내게 하리라"는 것입니다. 여기에 모세의 사명이 있습니다. 모세가 할 일은 바로의 학정에서 시달리는 이스라엘 백성을 구원하여 잃어버린 하나님 나라를 회복하는 일이었습니다. 그 일을 위해서 우리도 신을 벗어야 합니다. 우리의 신을 벗을 때, 하나님께서 우리를 사용하십니다.

"또 미리 정하신 그들을 또한 부르시고 부르신 그들을 또한 의롭다 하시고 의롭다 하신 그들을 또한 영화롭게 하셨느니라"(롬 8:30)

말씀 실천하기
* 하나님께서 내게 맡겨주신 일은 무엇이고, 그 일에 충성하고 있습니까?
* 나는 신을 벗고 있는 종입니까? 신을 신고 있는 종입니까?

합심 기도하기
* 주어진 환경에서 무엇을 하든지 최선을 다하는 삶을 살게 하소서.
* 언제나 하나님의 주권을 인정하고 하나님의 통치에 순복하는 삶을 살게 하소서.

02 하나님 나라와 요셉의 비전

본문 말씀 **창 37:5~11**

이룰 목표
▶ 비전은 하나님이 주시는 것임을 안다.
▶ 비전은 하나님이 이루신다는 것을 안다.

본문 살피기
▶ 요셉이 꾼 꿈의 내용은 어떤 것입니까?(7~9절)
▶ 요셉의 아버지는 어떻게 반응했습니까?(10~11절)

소그룹예배 인도 순서

사도신경 다 같이

찬　　송 354장 (통 394)

기　　도 회원 중

본문 말씀 창 37:5~11

새길 말씀 창 37:11

헌금 찬송 373장 (통 420)

헌금 기도 회원 중

주기도문 다 같이

말씀 나누기

사람들에게 비전은 참으로 중요합니다. 비전을 품은 사람은 비전을 품지 않은 사람보다 절제된 자세로 살아가며 자신감과 만족감으로 자신의 삶을 영위합니다. 일반적으로 비전이란 자기 속에 있는 장점이나 재능을 가지고 미래를 계획하는 것을 말합니다. 그런데 성경에서 비전은 하나님이 주시는 것이라고 말합니다.

그리스도인이 비전에 대하여 언급할 때 가장 많이 등장하는 사람은 바로 꿈의 사람 요셉일 것입니다. 성경은 요셉의 꿈이 개인적인 소원이나 욕망에 의한 것이 아니라 하나님이 주신 것임을 보여줍니다. 하나님께서 하나님 나라를 위해 요셉에게 꿈을 주셨고 그 꿈을 하나님이 이루신 것입니다. 어떻게 요셉에게 비전이 주어졌고, 하나님이 그 비전을 어떻게 이루어 가셨는가를 살펴보고자 합니다.

1. 하나님은 우리를 향한 비전을 갖고 계십니다

우상의 도시에서 가나안 땅으로 떠나는 비전은 아브라함 스스로에 의해 세워졌던 비전이 아닙니다. 죄악 많은 이 세상에 하나님의 나라를 세우기 원하셔서 하나님이 아브라함에게 비전을 주시고 그를 이끄신 것입니다. 모세도 하나님이 비전을 주셨고, 요셉의 경우도 하나님이 요셉에게 비전을 주셨고 그 비전을 이루도록 인도하셨습니다.

사람들은 자기가 원하는 바를 비전으로 품습니다. 그러나 성도들은 하나님이 주시는 비전을 품어야 합니다. 하나님께서는 각 성도들을 향한 비전을 갖고 계십니다. 하나님께서 성도들에게 주시는 비전은 각기 다양하지만 결국 하나님은 그 비전들을 통해 하나님 나라를 세우십니다. 하나님이 각자에게 주신 비전을 찾아 헌신할 때 그곳에 기쁨이 있습니다.

> "너희 안에서 행하시는 이는 하나님이시니 자기의 기쁘신 뜻을 위하여 너희에게 소원을 두고 행하게 하시나니"(빌 2:13)

2. 비전을 이루는 과정을 하나님이 인도하십니다

요셉이 자기의 꿈을 형제들에게 말했을 때, 형들의 미움을 받아 죽음의 위기를 맞게 됩니다. 미디안 상인에게 팔려가고 다시 보디발의 집에 팔려갔을 때 꿈은커녕 미래조차 예측할 수 없는 상황을 맞습니다.

그리고 감옥에서 술 맡은 관원장의 꿈을 해석해 주었지만 회복될 기회는 오지 않았습니다. 만일 이러한 상황에서 요셉에게 하나님 나라에 대한 비전과 믿음이 없었다면, 분명 요셉의 마음에는 원망과 불평, 두려움과 복수심만이 쌓였을 것입니다.

그러나 요셉이 가는 곳마다 사람들이 "여호와께서 그와 함께 하심을 보았다"(창 39:3, 21, 23)라고 성경은 기록합니다. 이것은 요셉이 매사 자기의 뜻대로가 아니라 하나님의 뜻대로 살았음을 말해 줍니다. 요셉은 자신의 비전이 하나님이 주신 것임을 알았기에 하나님이 이루실 것을 믿고 기다렸던 것입니다. 이처럼, 성도는 각자에게 주신 하나님 나라의 비전을 하나님의 방법으로 이루실 것을 믿고 기다려야 합니다.

"너는 범사에 그를 인정하라 그리하면 네 길을 지도하시리라"(잠 3:6)

3. 하나님이 이루시고 하나님이 영광을 받으십니다

요셉의 형제들은 기근을 모면하기 위하여 애굽으로 곡식을 구하러 왔습니다. 곡식을 구하는 과정에서 시므온이 애굽에 포로로 잡히고 막내 동생인 베냐민까지 애굽으로 데려올 것을 요구받게 되었습니다. 형제들은 이러한 상황들이 과거 그들이 지은 죄 때문에 당한다고 생각했습니다(창 42:22). 마침내 요셉이 자신의 정체를 밝히자 형들은 두려워 떱니다. 그러나 요셉은 자신을 애굽으로 오게 한 것은 형제들이 아니라 하나님이심을 고백합니다(창 45:5~8). 이것은 '자신의 비전은 이스라엘을 구원하기 위해 하나님이 세우시고 이루신 것' 이라는 요셉의 신앙이기도 합니다.

요셉은 그의 형들이 자기 앞에 절할 때 비로소 하나님의 비전이 어떻게 이루어지는가를 보았을 것입니다. 이처럼 하나님은 요셉에게 비전을 주셨고, 그 비전을 이루셨습니다. 하나님이 시작하셨고 하나님이 이루신 것입니다. 하나님은 요셉을 통해 애굽 땅에 하나님 나라를 세우셨습니다. 우리가 하나님이 주신 비전을 가졌다면 하나님께서 우리의 비전도 반드시 이루십니다.

"또 여기 있다 저기 있다고도 못하리니 하나님의 나라는 너희 안에 있느니라"(눅 17:21)

말씀 실천하기
* 내게 주신 하나님의 비전을 발견하기 위해 무엇을 하겠습니까?
* 어려움이 올 때 어떻게 하겠습니까?

합심 기도하기
* 나의 욕망을 위한 비전이 아니라 하나님이 주신 비전을 찾게 하소서.
* 하나님이 나를 통해 비전을 이루시는 것을 보게 하소서.

03 하나님 나라 백성의 징표

본문 말씀 레 11:1~8, 40~45

이룰 목표
▸ 하나님 나라 백성은 거룩해야 함을 안다.
▸ 하나님 나라 백성의 징표인 '예수는 주'임을 안다.

본문 살피기
▸ 부정한 짐승은 어떤 종류입니까?(3~7절)
▸ 가증한 짐승은 어떤 것입니까?(41~43절)
▸ 신약시대에 이 규례는 어떻게 되었습니까?(참고, 행 10:1~45)

소그룹예배 인도 순서

사도신경 다 같이
찬 송 289장 (통 208)
기 도 회원 중
본문 말씀 레 11:1~8, 40~45
새길 말씀 레 11:45
헌금 찬송 433장 (통 490)
헌금 기도 회원 중
주기도문 다 같이

말씀 나누기

레위기에는 '거룩'이라는 단어가 약 50번이나 등장합니다. 이것은 레위기가 하나님의 백성들이 거룩하게 살기 원하시는 하나님의 마음이 담겨있는 책(冊)임을 말해줍니다. 특히 레위기 11장에는 이스라엘 백성들이 먹을 수 있는 것과 먹을 수 없는 것을 구분하여 줍니다. 유대인들은 이 규례를 지킴으로써 하나님이 그들의 왕이 되심을 인정하는 동시에 하나님을 섬기지 않는 사람과 구별하는 징표였습니다.

그리스도인들은 예수님의 죽으심과 부활을 통해 이 규례가 폐기된 것으로 믿고 음식을 가리지 않고 먹습니다. 그렇지만 음식을 통해 이스라엘 백성들을 거룩하게 구별하려 하셨던 하나님의 뜻은 그리스도인들에게도 적용되어야 할 것입니다. 오늘날 하나님께서 그리스도인들에게 원하시는 하나님 나라 백성의 징표는 무엇일까요?

1. 이스라엘 백성은 정결한 것만 먹어야 합니다

하나님은 이스라엘 백성들이 애굽에서 400년간 이방인의 풍속을 따라 살았기에 그것들로부터 구별하기 위하여 십계명을 비롯한 율법과 제사법 그리고 정결법에 대한 규례를 주셨습니다. 음식에 대한 구별 규례는 여전히 현대 이스라엘 사람들이 일상생활에서 하나님의 백성임을 드러내는 징표로 사용되고 있습니다. 음식규례를 준수하지 않는 행위는 이스라엘 백성이기를 포기하는 것을 의미한다고 합니다.

이처럼 이스라엘 사람들은 하나님의 백성으로 구별되기 위해서 지금까지 음식규례를 목숨처럼 지킵니다. 그렇다면, 오늘날 그리스도인이 하나님의 백성으로 구별되기 의해서 지켜야 할 것은 무엇일까요? 그것은 예수 안에서 믿음으로 얻은 죄사함과 구원의 기쁨일 것입니다. 규례와 율법의 행위가 아니라 오직 믿음으로 하나님 나라 백성이 된 것을 잊지 말고 사는 것입니다.

"그러나 이제는 너희가 죄로부터 해방되고 하나님께 종이 되어 거룩함에 이르는 열매를 맺었으니 그 마지막은 영생이라"(롬 6:22)

2. 하나님은 음식에 관한 규례를 폐지하셨습니다

음식 규례는 이스라엘 백성과 이방인을 구별하시기 위해 주신 법입니다. 그러나 예수님은 모든 식물을 깨끗하다고 선포하셨고 이방인과

의 구별도 폐하셨습니다. 예수님은 자유롭게 이방인과 교제하시고 식사도 함께 하시며 당시 부정하게 여겨 상종하지 않았던 병자들이나 죄인들과도 친구가 되셨습니다. 이러한 예수님의 모습 속에는 모든 사람이 구원받아 하나님 나라의 백성이 되기를 원하시는 하나님의 마음이 담겨져 있습니다.

성도들에게 하나님의 나라는 믿음으로 상속받는 나라입니다. 하나님 나라는 예수를 믿는 사람이라면 누구든지 차별 없이 들어가는 곳입니다. 예수님은 기존의 율법을 사랑의 법으로 완성하셨습니다. 따라서 기존의 율법이나 규례로 다른 성도의 믿음을 판단하는 것은 예수님이 십자가로 완성하신 율법을 다시 되돌리는 행위가 됩니다.

"거기에는 헬라인이나 유대인이나 할례파나 무할례파나 야만인이나 스구디아인이나 종이나 자유인이 차별이 있을 수 없나니 오직 그리스도는 만유시요 만유 안에 계시니라"(골 3:11)

3. 하나님 나라 백성의 징표는 '예수는 주'입니다

음식 규례는 폐지되었지만 하나님 나라 백성들이 세상 사람들과 구별된 거룩한 삶을 살기 원하시는 하나님의 뜻은 지금도 변함이 없습니다. 오늘날 하나님이 원하시는 하나님 나라 백성의 징표, 이방인과 구별된 거룩한 징표는 "예수는 주님"이라는 고백입니다.

초대교회 당시 로마의 황제를 '주'로 인정하는 사회에서 성도들은 죽음을 무릅쓰고 "예수가 주"라고 고백했습니다. 박해자였던 사울도 예수님을 만난 이후 자신의 '주'가 예수님으로 바뀌었습니다. 나아가 핍박을 하던 자로부터 목숨을 아끼지 않고 예수를 전하는 자가 되었습니다.

이단과 종교다원주의가 교회에까지 침투하고 있는 상황에서, 하나님 나라 백성의 징표는 예수가 유일한 구원의 주이시며, 왕이심을 고백하는 것입니다. 교회에서 뿐만 아니라 가정과 직장과 사회 어느 곳에서 무엇을 하든지 '예수가 주' 되심을 드러내야 합니다.

"오직 너희는 택하신 족속이요 왕 같은 제사장들이요 거룩한 나라요 그의 소유된 백성이니 이는 너희를 어두운 가운데서 불러내신 이의 아름다운 덕을 선전하게 하려 하심이라"(벧전 2:9)

말씀 실천하기
* 거룩한 삶을 위해 무엇을 하겠습니까?
* 하나님 나라 백성의 징표로 '예수는 주' 라는 고백을 어디서든 하겠습니까?

합심 기도하기
* 교회 안에서 차별이 일어나지 않게 하소서.
* 어디서든 "예수는 주" 라 고백하게 하소서.

04 하나님 나라와 의(義)

본문 말씀 **롬 3:19~28**

이룰 목표
▸ 믿음으로 의를 얻고 구원받음을 안다.
▸ 믿음에는 의로운 행위가 따름을 안다.

본문 살피기
▸ 율법의 기능은 무엇입니까?(10절)
▸ 우리의 의는 무엇으로부터 옵니까?(22, 28절)
▸ 죄를 범하면 어떻게 됩니까?(23절)

소그룹예배 인도 순서

사도신경 다 같이
찬 송 267장 (통 201)
기 도 회원 중
본문 말씀 롬 3:19~28
새길 말씀 롬 3:28
헌금 찬송 454장 (통 508)
헌금 기도 회원 중
주기도문 다 같이

말씀 나누기

하나님 나라의 특징을 말하자면 의(義)와 거룩함이라 할 수 있습니다. 하나님은 모든 사람이 의롭고 거룩하게 살기를 원하셨습니다. 그러나 인간은 하나님의 말씀을 거역함으로 하나님의 나라를 파괴했고 결국 추방당했습니다. 하나님은 이러한 인류를 구원하시기 위해 아브라함을 택하시고 믿음으로 구원 얻는 길을 보여주셨고, 거룩한 백성으로 살아가기 원하셔서 율법을 주셨습니다. 그러나 사람들은 율법을 따라 살지 못했습니다.

그렇기에 하나님은 독생자 예수 그리스도

를 보내서서 오직 믿음으로 구원받는 길을 열어주셨습니다. 그러나 믿기는 하지만 행동이 따르지 않는 그리스도인들이 많음으로 믿음 위에 행함이 따라야 구원을 받는다고 주장하는 사람들도 있습니다. 오늘은 로마서를 중심으로 믿음으로 구원받는 것이 무엇인지 정확하게 알아보려 합니다.

1. 믿음으로 의(義)를 얻습니다

아담이 죄를 범함으로 에덴동산에서 쫓겨났지만 다시 하나님의 보호하심을 받았습니다(창 3:21~23). 아담이 구원을 받은 것은 그의 행위 때문이 아니라 전적인 하나님의 은혜입니다. 아브라함이 의롭다고 여김을 받은 것 역시 율법의 행위 때문이 아니라 믿음 때문이었습니다. 행위로 구원을 받을 사람은 없습니다. 본문 말씀도 "율법의 행위로 그의 앞에 의롭다 하심을 얻을 육체가 없나니 율법으로는 죄를 깨달음이니라"고 하셨습니다. 율법에는 죄를 깨닫게 함으로 죄에서 떠나 의롭게 살기 원하시는 아버지의 마음이 담겨 있습니다.

우리는 오직 믿음으로 의롭다함을 얻습니다. 복음에 나타난 하나님의 의는 예수님을 믿는 모든 자에게 값없이 주시는 것이며, 우리의 행위로 말미암은 것이 아닙니다. 바울은 갈라디아서에서 만일 이외에 다른 복음을 전하는 사람은 저주를 받으라고 선포했습니다. 예수님은 우리가 믿음으로 영생을 얻으며, 하나님의 자녀가 된다고 분명히 말씀하셨습니다(요 1:12, 5:24).

"너희는 그 은혜에 의하여 믿음으로 말미암아 구원을 받았으니 이것은 너희에게서 난 것이 아니요 하나님의 선물이라 행위에서 난 것이 아니니 이는 누구든지 자랑하지 못하게 함이라"(엡 2:8~9)

2. 믿음에는 의(義)가 따라야 합니다

성도들은 하나님의 은혜로 구원받은 사람들입니다. 행위가 의롭기 때문에 구원받은 것이 아니라 십자가에서 인류의 죄를 대속하신 예수님을 믿기 때문에 의롭게 여김을 받아 하나님의 자녀가 되었습니다.

하나님의 자녀가 된 성도는 자연스럽게 의로우신 하나님의 성품을 따라 살게 됩니다. 인간이 하나님의 절대적인 의를 온전히 이룰 수는 없지만, 하나님 나라 백성답게 의의 열매를 맺으려고 노력합니다. 하나님의 말씀을 귀담아 듣고 마음에 새기며 그분의 뜻을 따라 살아갑니다. 이것이 믿는 사람에게 나타나는 당연한 현상입니다. 만일 믿는다 하면서 하나님의 의(義)가 나타나지 않는다면 그는 예수님이 우리의 죄를 대신해서 죽었다는 사실을 믿지 않는 것이고 하나님이 우리의 아버지이시며 왕 되심을 믿지 않는 것입니다.

"영혼 없는 몸이 죽은 것 같이 행함이 없는 믿음은 죽은 것이니라"(약 2:26)

3. 하나님이 원하시는 의(義)가 있습니다

하나님은 우리가 의롭게 살기 원하시지만 구원의 기준은 믿음입니다. 우리의 믿음에 의(행위)가 더해져야 하는 것이 아니라 믿음의 행동을 원하십니다. 믿음 플러스 행위를 강조하는 이들은 마태복음 7장을 인용합니다. 어떤 사람들이 주의 이름으로 선지자 노릇도 하고 귀신도 쫓아내고 권능도 행했는데 주님은 이들을 향해 불법을 행하는 자라고 하시며 "누구든지 나의 이 말을 듣고 행하는 자는 그 집을 반석 위에 지은 지혜로운 사람 같다"라고 하셨습니다(참고, 마 25장). 이 말씀에 기초하여 믿음만 아니라 행위가 더해져야 한다고 합니다.

그러나 이 말씀은 행위를 강조하신 것이 아니라 믿음을 강조한 말씀입니다. 믿음으로 일했느냐, 사역으로 일했느냐를 말합니다. 나를 사랑하사 독생자를 주신 하나님의 사랑을 믿고 조건이나 기대 없이 형제를 위해 목숨을 버리기까지 사랑함으로 일했느냐, 아니면 선을 행함으로 인정받고자 하는 마음으로 일했느냐 하는 것입니다. 하나님이 원하시는 것은 하나님의 의를 나타내는 믿음의 행위입니다. 자신의 의를 나타내고자 하는 행위는 인정받을 수 없습니다.

"하나님께서 보내신 이를 믿는 것이 하나님의 일이니라"(요 6:29)

말씀 실천하기
* 의롭다 함을 얻기 위해 무엇을 하겠습니까?
* 하나님이 원하시는 의를 위해 어떻게 하겠습니까?

합심 기도하기
* 오직 믿음으로 의롭다함을 얻은을 확신하게 하소서.
* 믿음에는 반드시 의(義)가 따름을 잊지 말고 거룩하게 살게 하소서.

05 하나님 나라와 순종

본문 말씀 삼상 15:17~27 (참고 ; 삼상 24:1~7, 26:6~11)

이룰 목표
▶ 하나님의 말씀을 청종하는 것이 순종의 시작임을 안다.
▶ 나의 주인이 하나님임을 명확하게 안다.

본문 살피기
▶ 사울은 언제 왕으로 세워졌습니까?(17절)
▶ 사무엘의 책망에 사울 왕은 어떻게 반응합니까?(20~21절)
▶ 사무엘은 사울 왕을 어떻게 책망했습니까?(22~23절)

소그룹예배 인도 순서

사도신경 다 같이
찬　　송 342장 (통 395)
기　　도 회원 중
본문 말씀 삼상 15:17~27
새길 말씀 삼상 15:23
헌금 찬송 220장 (통 278)
헌금 기도 회원 중
주기도문 다 같이

말씀 나누기

하나님은 이스라엘 백성을 통해 온 인류 가운데 하나님 나라가 이루어기를 원하셨습니다. 하나님 나라는 순종으로 이루어집니다. 사울을 왕으로 세우신 후에 하나님은 '너희가 만일 여호와를 경외하여 그를 섬기며 그의 목소리를 듣고 여호와의 명령을 거역하지 않고 여호와를 따르면 좋겠지만 너희가 만일 여호와의 목소리를 듣지 아니하면 여호와의 손이 너희의 조상들을 치신 것 같이 너희를 치실 것이라'고 경고하셨습니다(삼상 12:14~15).

순종은 하나님 나라에서 중요한 덕목입니

다. 그러나 사울왕은 순종하는 데 실패했습니다. 본문을 통해 그가 왜 실패했는지, 어떻게 해야 순종할 수 있는지를 살펴보겠습니다.

1. 순종은 하나님의 명령대로 행하는 것입니다

전쟁에서 모든 것을 진멸하라는 하나님의 명령에도 불구하고 사울왕은 자신의 생각대로 아각 왕을 사로잡고 살찐 소와 양 등 좋은 것들을 남겨두었습니다. 그러면서도 사울은 사무엘에게 자신은 여호와의 명령대로 행했다고 당당하게 말합니다(13, 15, 19, 20절). 하나님은 사무엘을 통해 '사울이 겸손할 때 왕으로 삼으셨고 하나님의 명령에 순종하기를 원하셨지만, 그는 교만해져서 하나님의 명령을 우습게 여겼고 전리품을 얻는 곳에 마음을 빼앗겼다'고 지적하십니다.

성도들은 전리품보다 하나님의 말씀과 뜻에 더 주목해야 합니다. 때로 삶 속의 전리품들은 하나님의 명령을 듣지 못하게 하거나 순종하지 못하도록 합니다. 순종은 하나님의 명령대로 행하는 것입니다. 순종하는 삶 속에 평탄과 형통이 있습니다.

"이 율법 책을 네 입에서 떠나지 말게 하며 주야로 그것을 묵상하여 그 안에 기록된 대로 다 지켜 행하라 그리하면 네 길이 평탄하게 될 것이며 네가 형통하리라"(수 1:8)

2. 순종은 청종이 우선되어야 합니다

아말렉과의 전쟁에 앞서 사두엘은 하나님의 명령을 전달하면서 "왕은 여호와의 말씀을 들으소서"라고 시작합니다. 단순히 들으라는 말이 아니라 '주의 깊게 귀담아 들으라' 즉 집중해서 듣고 한 마디도 빠뜨리지 말고 마음에 새겨 그대로 행하라는 말씀입니다. 사울이 하나님의 명령대로 순종하지 않고도 자신은 명령에 순종했다고 주장하는 이유는 자기생각이 옳다고 여겼기 때문입니다. 사무엘은 자신의 생각대로 행동한 사울 왕에게 '왕이 여호와의 말씀을 버렸으므로 여호와께서도 왕을 버려 왕이 되지 못하게 하셨다' 고 하나님의 심판을 선포합니다.

하나님 나라에 필요한 사람은 순종하는 사람입니다. 하나님 말씀에 순종하기 위해서는 하나님의 말씀을 들어야 합니다. 하나님 말씀을 듣는다는 것은 성경 말씀을 묵상하고 하나님의 마음으로 하나님의 뜻을 따라 사는 것을 의미합니다. 자신의 경험과 지식, 생각 등을 내려놓고 하나님 말씀을 청종하는 것입니다.

"오늘 내가 네게 명하는 이 말씀을 너는 마음에 새기고"(신 6:6)

3. 자기의 주인에게 순종합니다

사울 왕은 사무엘의 강한 책망을 듣고서야, 자신이 백성을 두려워하여 그들의 말을 청종하였다고 잘못을 시인합니다. 자신의 '주' 가 하나님이 아니라 백성이었음을 자백한 것입니다. 이처럼 사울은 하나님이 자신의 주인이심을 망각하고 백성들을 주인으로 생각했습니다. 백성이 사울의 주인이라는 것은 하나님보다 사람들의 눈을 더 의식했다는 것을 의미합니다.

성도가 세상을 더 의식하게 될 때, 하나님에게 전적으로 순종할 수 없습니다. 나아가 사울 왕처럼 자기를 있게 하신 하나님보다 백성들을 두려워하여 세속적인 선택을 하게 됩니다. 참으로 하나님을 두려워하는 사람들은 사람보다 하나님을 두려워하고 하나님의 말씀에 순종합니다. 다윗이 좋은 예를 보여줍니다. 다윗은 사울 왕을 죽일 기회가 두 번이나 찾아왔지만, 사울을 세우신 하나님을 두려워하였기에 부하들의 제안도 단호히 거절하였습니다. 이처럼 하나님은 하나님을 주로 섬기는 사람들을 통해 하나님 나라를 세우십니다.

"너희는 이 세대를 본받지 말고 오직 마음을 새롭게 함으로 변화를 받아 하나님의 선하시고 기뻐하시고 온전하신 뜻이 무엇인지 분별하도록 하라"(롬 12:2)

말씀 실천하기

* 하나님의 말씀을 청종하기 위해 어떻게 하겠습니까?
* 자신의 생각을 내려놓기 위해 무엇을 하겠습니까?

합심 기도하기

* 하나님의 말씀을 청종하고 순종하게 하소서.
* 하나님이 나의 주인이심을 삶 가운데 고백하게 하소서.

06 하나님 나라와 하나님의 비전

본문 말씀 **벧전 2:9**

이룰 목표 ▶ 우리에게 왕 같은 권위를 주셨음을 안다.
▶ 하나님 나라를 세우기 위해 우리를 부르신 이유를 안다.

본문 살피기 ▶ 우리를 어떤 존재로 부르셨습니까?(9절)
▶ 우리를 어디서 불러 내셨습니까?(9절)
▶ 우리를 부르신 이유는 무엇입니까?(9절)

소그룹예배 인도 순서

사도신경 다 같이

찬 송 285장 (통 209)

기 도 회원 중

본문 말씀 벧전 2:9

새길 말씀 벧전 2:9

헌금 찬송 401장 (통 457)

헌금 기도 회원 중

주기도문 다 같이

말씀 나누기

하나님을 믿기 전에는 마귀의 자녀가 되어 근심, 걱정, 불안, 두려움 등의 지배를 받으며 살았습니다. 그러나 하나님의 자녀로 선택받은 순간 우리들은 하나님의 은혜 가운데에서 자유와 평안과 기쁨을 누리며 살게 되었습니다.

이처럼 놀라운 변화를 주신 데는 이유가 있습니다. 이 땅에 하나님 나라를 세워가기 위한 하나님의 비전 때문입니다. 하나님은 우리를 왕 같은 제사장으로 세우셔서 이 땅에 거룩한 하나님의 나라를 세우기 원하십니다. 하나님은 우리가 하나님의 사랑을 전함으로, 온 땅에 하나님 나라가 확산되어 하나님의 비전이 완성되기를 원하십니다. 본문을 통해 우리를 향하신 하나님의 비전에 대해 구체적으로 알아보고자 합니다.

1. 왕 같은 제사장으로 부르셨습니다

구약에서 제사장은 사람들을 대신하여 속죄의 제사를 드렸고, 병을 진단하고 필요한 조치를 취하기도 하였으며 율법과 규례를 가르치는 일도 행하였습니다. 예수님도 친히 대제사장이 되셨지만, 바리새인이나 서기관과는 다르게 하늘의 권위로 가르치셨고 귀신을 쫓아내셨으며 각색 병든 자들을 치료하심으로 왕의 권세를 나타내셨습니다. 예수님은 중보자로서 우리를 위해 삼한 통곡과 눈물로 기도하셨고 우리의 죄를 대신하여 속죄 제물로 십자가에 달리셨습니다.

하나님께서 성도들을 왕 같은 제사장으로 부르신 이유는 대제사장이신 예수님처럼 권세를 행하며 하나님 나라를 세우기 원하셨기 때문입니다. 그렇기에 더러운 귀신을 쫓아내며 모든 병과 모든 약한 것을 고치는 권능을 주셨고, 예수님을 믿는 자는 예수님과 같은 일을 할 뿐아니라 그보다 큰일도 할 것이라 하셨습니다.

"이기는 자와 끝까지 내 일을 지키는 그에게 만국을 다스리는 권세를 주리니"(계 2:2)

2. 거룩한 나라를 세우려 부르셨습니다

하나님은 사람들을 어둠에서 불러내기 위해 예수님을 세상에 보내시고, 그를 영접하는 자마다 모든 죄를 용서하시고 빛 가운데로 인도하셨습니다. 빛 가운데 인도된 성도들은 빛 되신 주님을 본받아 거룩하게 살아야 합니다. 비록 어둠의 세력이 지배하는 곳일지라도 거룩한 삶으로 빛을 발하기 원하십니다. 왜냐하면 구원받은 성도들을 통해 거룩한 하나님 나라를 세우기 원하시기 때문입니다.

그런데 마귀는 하나님 나라 세우는 일을 끊임없이 방해합니다. 성도들이 마귀의 방해를 물리치고 거룩한 나라를 세우려면 말씀과 기도로 무장해야 합니다. "하나님의 말씀과 기도로 거룩하여짐이라"(딤전 2:4) 하신 대로, 거룩함을 유지하기 위해서 좌우의 날 선 검과 같은 하나님의 말씀을 늘 묵상하고 그 말씀대로 순종해야 합니다. 또한 넘어지기 쉬운 우리 자신을 위해 우리 곁에 계신 성령님의 도우심을 늘 구하며 기도해야 합니다.

"너희도 산 돌 같이 신령한 집으로 세워지고 예수 그리스도로 말미암아 하나님이 기쁘게 받으실 신령한 제사를 드릴 거룩한 제사장이 되라"(벧전 2:5)

3. 하나님의 비전을 전하라 하십니다

이 땅에 하나님의 나라를 세우기 위해 오신 예수님은 '자신도 전도하기 위해 이 땅에 왔다'고 말씀하시며 여러 지방으로 전도하러 다니셨습니다. 제자들에게도 '모든 족속에게로 가서 제자 삼으라, 온 천하에 다니며 만민에게 복음을 전파하라'고 가르치시고 부활하신 후에는 '땅 끝까지 이르러 내 증인이 되라'고 하셨습니다.

예수님이 승천하신 후 초대교회 성도들은 박해와 여러 가지 사정으로 본도, 갈라디아, 갑바도기아, 아시아, 비두니아 등지로 흩어졌습니다(벧전 1:1). 베드로는 흩어져 사는 성도들에게 그들이 어떠한 은혜를 입었는지를 기억하게 합니다. 그리고 삶의 현장에서 '하나님께서 주신 비전을 이 세상 사람들에게 선포하라' 는 비전의 메시지를 전달합니다.

하나님의 백성으로 부름 받은 성도들은 하나님의 비전을 증거하는 것이 사명임을 인식하고 삶의 현장에서 선교사적인 삶을 살아야 합니다.

"내게 주신 사명 곧 복음 전하는 일을 마치려 함에는 나의 생명을 조금도 귀한 것으로 여기지 아니 하노라"(행 20:24)

말씀 실천하기
* 우리에게 주신 왕 같은 권세를 어떻게 사용하겠습니까?
* 하나님의 비전을 전하기 위해 무엇을 어떻게 하겠습니까?

합심 기도하기
* 왕 같은 권세를 사용하여 하나님 나라를 세우게 하소서.
* 적극적으로 복음을 전함으로 하나님 나라를 확장하게 하소서.

07 하나님 나라와 복음

본문 말씀 **막 1:14~15**

이룰 목표
▸ 복음은 가난한 자, 죄인들의 복음임을 안다.
▸ 복음은 회개한 자에게 기쁜 소식임을 안다.

본문 살피기
▸ 예수님이 활동을 시작한 때는 언제입니까?(14절)
▸ 예수님은 누구에게 복음을 전한다 하셨습니까?(눅 4:18~19)
▸ 예수님은 누구를 부르러 오셨다 하셨습니까?(막 2:17)

소그룹예배 인도 순서

사도신경 다 같이
찬　　송 251장 (통 137)
기　　도 회원 중
본문 말씀 막 1:14~15
새길 말씀 막 1:15
헌금 찬송 279장 (통 337)
헌금 기도 회원 중
주기도문 다 같이

말씀 나누기

당시 사람들은 요한이 메시야인 줄 생각했습니다. 그러나 요한이 헤롯에게 잡혀 옥에 갇혀 있을 때, 예수님이 오셔서 하나님 나라가 가까이 왔다고 복음을 선포하셨습니다. 지금까지 세상 왕이 지배했지만 이제 만왕의 왕이신 예수님이 오심으로 하나님이 통치하시는 하나님 나라가 시작되었음을 공포하셨습니다. 그러니 회개하고 복음을 믿으라 하십니다. 예수님이 말씀하신 복음이 무엇인지 사복음서에 나타난 예수님의 가르침을 통해 알아보고자 합니다.

1. 가난한 자를 위한 복음입니다

예수님은 이사야의 글을 인용하시면서 '가난한 자에게 복음을 전하고 주의 은혜의 해를 전하기 위해 오셨다'라고 하셨습니다(눅 4:18~19). 구약에서 하나님은 늘 가난한 자 편에 계셨습니다. '주의 은혜의 해'는 50년마다 오는 희년입니다. 희년은 종으로 팔려갔던 사람들이 놓임을 받고 땅도 원 주인에게로 돌려주며 모든 빚이 면제되어 다시 일어설 수 있는 기회가 주어지는 해입니다. 희년은 모든 가난한 사람들에게 복음입니다.

'가난하고 병든 나사로를 문 앞에 방치한 부자는 지옥에 가고 나사로는 아브라함의 품에 안겼다'는 이야기, '아무리 부유해도 자기밖에 모르는 자는 하나님께서 그날 밤 그의 생명을 거둘 것'이라는 이야기, '헌금함에 많은 돈을 넣는 부자들보다 동전 두 렙돈을 넣은 과부를 칭찬하신' 이야기 등 예수님의 들려주신 이야기는 가난한 사람들에게 위로와 기쁨이 될 뿐 아니라 하나님 나라를 소망하게 하는 복음입니다.

"가난한 자를 불쌍히 여기는 것은 여호와께 꾸어 드리는 것이니 그의 선행을 그에게 갚아 주시리라"(잠 19:17)

2. 죄인을 위한 복음입니다

예수님은 유대인들이 부정하게 여겨 가까이 하지 않는 사람들과 만나 함께 먹고 마셨습니다. 유대인들은 예수님이 죄인들과 함께 먹고 마신다고 비난했습니다. 그러나 예수님은 의인을 부르러 온 것이 아니라 죄인을 부르러 왔다고 하셨습니다. 그리고 화가 있을 것이라고 선포하셨던 바리새인과 서기관들도 회개하고 하나님 나라로 돌아오기를 간절히 바라셨습니다(마 23:37).

예수님은 모든 사람들이 회개하고 하나님 나라로 돌아오기를 원하십니다. 죄 사함을 받지 못한 사람은 죄의 올무에 발목 잡혀 진정한 자유와 기쁨을 누리지 못합니다. 죄 사함의 은혜는 누구나 받을 수 있지만 아무나 받을 수 있는 것은 아닙니다. 오직 자신이 죄인임을 깨닫고 회개하는 사람만이 죄를 사함 받고 하나님 나라에 참여할 수 있습니다.

"그러므로 너희가 회개하고 돌이켜 너희 죄 없이 함을 받으라 이같이 하면 새롭게 되는 날이 주 앞으로부터 이를 것이요"(행 3:19)

3. 회개한 자에게 하나님 나라가 임합니다

예수님은 "회개하고 복음을 믿으라"고 말씀하셨습니다. 회개란 죄를 자복하고 자신이 왕이 되어 살던 자기중심적인 삶을 버리고 하나님을 왕으로 모시고 하나님 중심의 삶을 사는 것입니다. 곧 회개는 하나님이 통치하시는 하나님 나라가 임하는 통로입니다. 삭개오의 변화는 우리에게 좋은 본을 보여주고 있습니다. 재물과 명예를 중시하던 삭개오가 회개하는 순간, 하나님 나라가 임하고 재물을 포기하는 변화가 일어났습니다.

진정으로 회개한 사람은 주인이신 하나님의 뜻을 따라 살고 죄와 사망의 법 대신 생명과 성령의 법으로 삽니다. 하나님의 보호하심을 받고 세상적인 불안이나 걱정으로부터 자유를 얻습니다. 이 세상을 사는 동안 하나님 나라를 소망하며 죽은 후에는 주와 함께 부활하여 영생을 얻습니다. 이것이 회개한 자가 누리는 하나님 나라입니다.

"하나님의 나라는 먹는 것과 마시는 것이 아니요 오직 성령 안에 있는 의와 평강과 희락이라"(롬 14:17)

말씀 실천하기

* 하나님 나라가 임하도록 무엇을 하겠습니까?
* 하나님 나라가 임했다면 어떻게 살겠습니까?

합심 기도하기

* 늘 죄를 지을 수 있는 자임을 알고 겸손하게 하소서.
* 철저히 회개함으로 하나님 나라를 경험하며 살게 하소서.

08 하나님 나라와 거듭남

본문 말씀 **요 3:1~15**

이룰 목표
▸ 거듭남은 오직 하나님의 은혜와 믿음으로 가능함을 안다.
▸ 하나님 나라는 물과 성령으로 거듭나야 들어갈 수 있음을 배운다.

본문 살피기
▸ 니고데모는 어떤 사람입니까?(1절)
▸ 하나님 나라를 볼 수 있는 방법은 무엇입니까?(3절)
▸ 어떻게 해야 하나님 나라에 들어갈 수 있습니까?(5절)

소그룹예배 인도 순서

사도신경 다 같이
찬　　송 284장 (통 206)
기　　도 회원 중
본문 말씀 요 3:1~15
새길 말씀 요 3:5
헌금 찬송 285장 (통 209)
헌금 기도 회원 중
주기도문 다 같이

말씀 나누기

니고데모는 유대인의 지도자로서 사회에서 성공한 사람이라고 할 수 있습니다. 율법을 준수하는 바리새인이었고 정치적으로는 유대인들이 존경하는 산헤드린 공의회 의원이요 영적 지도자였습니다. 뿐만 아니라 경제적으로도 부유한 사람이었습니다. 그런 그가 '밤'에 예수님을 찾아왔습니다. '밤'에 예수님을 찾아왔다는 것은 자신의 사회적인 위치로 인해 사람들의 눈을 피해서 예수님을 찾아왔다는 것입니다. 또한 니고데모는 세상 사람들이 볼 때 지성, 권력, 재력을 모두 가지고 있는 남부러울 것이 없는 사람이었지만 그의 내면에는 말할 수 없는 고

민과 불안함과 허무함을 가지고 있다고 할 수 있습니다. 예수님은 이런 니고데모에게 "거듭나지 아니하면 하나님 나라를 볼 수 없다"라고 단언하셨습니다. 그러면 구체적으로 거듭남이란 무엇이고 왜 거듭나야 하는지 살펴보겠습니다.

1. 거듭남은 예수님의 명령입니다

'거듭난다.'는 것은 '처음부터', '완전히', '두 번째' 그리고 '위에서부터'라는 뜻을 가지고 있습니다. 즉 사람의 어느 한 부분만이 개선되는 것이 아니라 인간이 본질적으로 새롭게 태어나고 변화되는 것을 의미합니다. 예수님께서 "거듭나지 않고는 하나님 나라를 볼 수 없다"라고 말씀하신 내용 중에 '본다'는 것은 단순히 어떤 물체나 형상을 눈으로 바라본다고 하는 것과는 달리 그것에 대하여 경험하고 참여하며 인식한다는 것을 의미합니다. 그러므로 하나님 나라와 영적 세계는 거듭나지 않고서는 느끼거나 이해하거나 볼 수도 없습니다. 거듭나지 않고는 하나님도, 천국도, 구원도, 예수님에 관해서도 전혀 이해할 수 없다는 것입니다. 다시 말하면 사람이 아무리 똑똑하고 지식이 많아도 그것만 가지고는 하나님 나라를 이해할 수 없습니다. 거듭나지 아니하면, 예수님이 가르치시고 보여주신 하나님 나라를 볼 수 없습니다. 그러므로 예수님은 반드시 다시 태어나야 된다고 말씀하신 것입니다. 우리는 예수님의 명령을 따라 옛사람 대신 진정한 하나님 나라를 바라볼 수 있는 새 사람으로 거듭나야 합니다.

"너희가 거듭난 것은 썩어질 씨로 된 것이 아니요 썩지 아니할 씨로 된 것이니 살아 있고 항상 있는 하나님의 말씀으로 되었느니라"(벧전 1:23)

2. 영으로 거듭나야 합니다

예수님은 "육으로 난 것은 육이요 성령으로 난 것은 영이니 내가 네게 거듭나야 하겠다하는 말을 기이히 여기지 말라"(6~7절)고 하였습니다. '육'은 타락하고 부패한 인간의 본성을 지칭하는 말입니다. 사람은 본질적으로 타락하고 부패하여 옛 사람의 눈으로는 진정한 하나님의 나라를 보거나 이해할 수도 없습니다.

영으로 거듭난다는 것은 예수님을 나의 하나님으로 영접함으로써 영원한 생명이신 예수님이 내 안에 들어오심으로 하나님의 생명을 가진 하나님 나라의 백성이 되고, 동시에 육의 눈 대신 영의 눈으로 하나님의 나라를 보는 것입니다. 따라서 육적인 존재에서 영적인 존재로 변화하는 것, 육신의 눈으로 보던 존재에서 하나님의 마음으로 보는 존재로 변화하는 것, 심지어 전통적인 가르침에만 얽맨 눈에서 예수께서 교훈하시는 하나님 나라를 이해하는 존재로 변화하는 것을 '거듭남'이라고 볼 수 있습니다. 이것이 바로 영으로 거듭남입니다.

영으로 거듭나야 할 이유는, 육으로 난 자마다 죄와 사망의 법안에 갇혀 살고 하나님 나라의 생명과 평안을 얻을 수 없기 때문입니다. 영으로 거듭나지 못한 사람은 하나님 나라는 보지 못한 채 도리어 두려움과 멸망을 향해서 나아갑니다. 그러나 영으로 거듭난 사람은 마귀와 사단의 권세로부터 벗어나게 됩니다. 사망과 고통, 좌절과 두려움의 세계에서 생명과 평안이 있는 영원한 하나님 나라 백성으로 살게 됩니다.

"우리 주 예수 그리스도의 아버지 하나님을 찬송하리로다 그의 많으신 긍휼대로 예수 그리스도를 죽은 자 가운데서 부활하게 하심으로 말미암아 우리를 거듭나게 하사 산 소망이 있게 하시며"(벧전 1:3)

3. 물과 성령으로 거듭나야 합니다

니고데모는 예수님께 "그러면 어떻게 이 늙은 몸이 모태에 들어가 다시 태어날 수 있겠습니까?"라고 질문했습니다. 해박한 지식을 가졌지만 니고데모는 예수님의 말씀과 가르침을 도무지 이해하지 못했습니다. 그때 예수님은 본문 5절에서 "진실로 진실로 네게 이르노니 사람이 물과 성령으로 나지 아니하면 하나님 나라에 들어갈 수 없느니라"라고 말씀하셨습니다. 여기서 '물'을 하나님의 말씀으로 해석할 수 있습니다(엡 5:26; 벧전 1:23). 거듭남은 하나님의 신비로운 역사이며, 말씀과 성령의 능력으로 이루어집니다. 그러므로 우리가 하나님이 베푸신 구원의 은혜를 믿음으로 받아들일 때 하나님께서 선물로 거저 주십니다. 니고데모처럼 율법적으로 훌륭한 삶을 살았다 할지라도 그런 자기 의로는 결코 거듭나거나 하나님 나라에 들어갈 수 없습니다. 오직 물과 성령으로 거듭 나야 하며, 물과 성령으로 거듭난 사람만이 예수께서 선포하신 하나님 나라에 들어갈 수 있습니다.

"너희는 그 은혜에 의하여 믿음으로 말미암아 구원을 받았으니 이것은 너희에게서 난 것이 아니요 하나님의 선물이라 행위에서 난 것이 아니니 이는 누구든지 자랑하지 못하게 함이라"(엡 2:8~9)

말씀 실천하기
* 나는 크리스천으로서 거듭남에 대한 확신이 있습니까?
* 나는 거듭난 사람으로서 삶의 주권을 주님께 드렸습니까?
  아직까지 내가 가지고 있습니까?

합심 기도하기
* 물과 성령으로 거듭난 하나님 나라 백성으로 하나님의 통치를 받는 삶을 살게 하소서.
* 언제나 예수님이 나의 주인이심을 인정하고 그 뜻대로 순종하는 삶을 살게 하소서.

09 하나님 나라와 믿음

본문 말씀 **롬 4:18~25**

이룰 목표
▶ 오직 믿음으로만 하나님의 나라에 들어갈 수 있음을 안다.
▶ 믿음의 삶이란 하나님의 말씀을 믿고 순종하는 삶을 사는 것임을 안다.

본문 살피기
▶ 아브라함은 어떤 때도 믿음이 약하지 않고 믿었습니까?(18절)
▶ 아브라함의 믿음은 무엇입니까?(20~21절)
▶ 우리가 의로 여기심을 받으려면 무엇을 믿어야 합니까?(24절)

소그룹예배 인도 순서

사도신경 다 같이
찬　　송 542장 (통 340)
기　　도 회원 중
본문 말씀 롬 4:18~25
새길 말씀 롬 4:24~25
헌금 찬송 545장 (통 344)
헌금 기도 회원 중
주기도문 다 같이

말씀 나누기

　하나님 나라는 오직 믿음으로만 갈 수 있는 나라입니다. 믿음으로만 갈 수 있다는 것은 인간의 수고나 의로운 행위를 통해서가 아니라 예수 그리스도의 십자가와 부활의 복음을 듣고 믿음으로 받아들일 때 주어집니다. 예수님은 "영접하는 자 곧 그 이름을 믿는 자들에게는 하나님의 자녀가 되는 권세를 주셨으니 이는 혈통으로나 육정으로나 사람의 뜻으로 나지 아니하고 오직 하나님께로부터 난 자들이니라"(요 1:12~13)라고 말씀하셨습니다. 이 말씀은 거듭남이 아브라함의 후손이라는 혈통, 인간이 갖고 있는 지식이나 생각, 사람의 숭고

한 뜻으로 되는 것이 아니라 오직 믿는 자에게 하나님의 은혜로 주어지는 선물임을 의미하는 것입니다. 이런 의미에서 믿음은 자기 지식이나 경험이나 생각을 다 내려놓고 하나님의 말씀을 듣고 그 이름을 믿는 것입니다. 예수님이 나같은 죄인을 위해 십자가에 돌아가시고 부활하신 그리스도이심을 믿는 것입니다.

대표적인 믿음의 사람을 꼽는다면 아브라함을 들 수 있습니다. 성경은 아브라함을 모든 믿는 자의 조상이라고 부릅니다. 믿음의 조상이라 할 수 있는 아브라함의 믿음에 대해 살펴보겠습니다.

1. 아브라함은 바랄 수 없는 중에 바라고 믿었습니다

하나님의 부르심과 언약에 대해 아브라함은 바랄 수 없는 중에 바라고 믿었다고 말씀했습니다(18절). 이 말씀은 희망이 전혀 보이지 않았는데도 하나님께 받은 약속을 버리지 않고 믿었다는 의미입니다. 즉, 불가능한 상황에서도 끝까지 하나님을 신뢰했다는 말씀입니다.

아브라함은 75세 때 하나님의 부르심을 받아 갈대아 우르를 떠나 약속의 땅 가나안으로 향하였습니다. 하나님은 그에게 큰 민족을 이루어 주시겠다는 약속을 하셨습니다. 그런데 8~9년의 세월이 흘렀어도 그에게 자녀가 생기지 않았고 아무런 일도 일어나지 않았습니다. 그런 그에게 어느 날 밤, 천사가 찾아와서 아브라함을 바깥으로 불러내어 밤하늘에 셀 수 없이 많은 별들을 가리키면서 아브라함에게 "하늘을 우러러 뭇별을 셀 수 있나 보라 네 자손이 이와 같으리라"(창 15:5)고 말씀하시는 것이었습니다. 그러나 현실은 암담했습니다. 본문 19절은 "그가 백세나 되어 자기 몸이 죽은 것 같고 사라의 태가 죽은 것 같음을 알고도 믿음이 약하여지지 아니하고"라고 기록하고 있습니다. 생물학적으로 불가능한 상태가 되었음에도 불구하고 아브라함은 하나님과 그분의 약속을 끝까지 믿었습니다. 이 믿음을 일컬어서 '그럼에도 불구하고의 믿음'이라고 합니다.

"우리가 그 안에서 그를 믿음으로 말미암아 담대함과 확신을 가지고 하나님께 나아감을 얻느니라"(엡 3:12)

2. 아브라함도 흔들렸지만 끝까지 약속의 말씀을 믿었습니다

창세기에 나타난 아브라함의 일대기를 주의 깊게 읽어 보면 아브라함의 믿음이 약해질 때가 여러 번 있었다는 것을 발견할 수 있을 것입니다. 하나님께서 약속하셨지만 현실적으로 불가능하자 아브라함은 그의 종이었던 엘리에셀을 상속자로 삼겠다고 하였습니다. 심지어 자기 하녀인 하갈을 통해서 이스마엘을 얻기도 하였습니다. 그런데 바울은 그러한 아브라함에 대하여 "믿음이 약하여지지 아니하고 믿음이 없어 하나님의 약속을 의심치 않고 믿음이 견고하여져서 하나님께 영광을 돌리며 약속하신 그것을 또한 능히 이루실 줄을 확신하였으니"(19~21절)라고 하였습니다. 하나님 앞에서 아브라함의 행동은 결코 옳다고 할 수 없습니다. 그러나 바울이 주목했던 것은 바로 아브라함의 행위가 아니라 하나님의 약속을 끝까지 붙잡은 믿음이었습니다.

오랜 기다림은 사람을 흔들리게 하고 의심하게 합니다. 그러나 하나님께서는 그러한 흔들림에도 불구하고 끝까지 약속을 신뢰하는 아브라함의 믿음을 귀하게 여기셨습니다.

"믿음은 바라는 것들의 실상이요 보이지 않는 것들의 증거니"(히 11:1)

3. 아브라함이 믿음의 조상이 된 것은 전적인 하나님의 은혜였습니다

25년간 믿음의 시련을 잘 견디고 하나님의 약속을 이루어 아들 이삭을 얻음으로 아브라함은 더 큰 믿음으로 성장하였습니다. 아브라함의 믿음이 성장할 수 있었던 것은 자기의 노력 때문이 아니라는 것을 알아야 합니다. 아브라함의 생애를 보면 그의 믿음이 약해지거나 의심의 덫에 걸려 흔들릴 때마다 하나님이 찾아오셔서 그에게 언약을 확인시켜 주시고 격려해 주셨음을 발견할 수 있습니다. 본문 20절과 21절에 '견고하여져서'와 '확신하였으니'라는 말이 나옵니다. 이 말은 수동태 동사입니다. 이것은 무엇을 의미합니까? 믿음은 우리의 자력으로 자라는 것이 아니라 하나님의 은혜가 있어야 자랄 수 있다는 것을 가르쳐 줍니다.

믿음은 스스로 강하게 할 수 없습니다. "믿습니다."를 여러 번 외친다고 믿음이 견고해지는 것도 아닙니다. 아브라함처럼 하나님과 만남으로 말씀을 듣고 그 은혜를 통해서 믿음이 성숙해집니다. 말씀 앞에 앉아서 하나님과 깊이 만나야 합니다. 시시때때로 무릎 꿇고 하나님의 도움을 받아야 합니다. 이런 과정을 통하여 우리도 아브라함처럼 성숙한 믿음으로 나아갈 수 있습니다.

"나의 의인은 믿음으로 말미암아 살리라 또한 뒤로 물러가면 내 마음이 그를 기뻐하지 아니하리라 하셨느니라"(히 10:38)

말씀 실천하기
* 아브라함처럼 하나님의 말씀을 온전히 믿습니까? 그 증거가 무엇입니까?
* 내 생각과 인간적인 계산이 하나님의 말씀보다 앞서지는 않습니까?

합심 기도하기
* 하나님의 말씀을 잘 듣고 믿음으로 순종하는 삶을 살게 하소서.
* 내 생각보다 하나님의 말씀을 우선하고 그 말씀 위에 굳게 서는 믿음을 내게 주소서.

10 하나님 나라와 성령 충만

이룰 목표
▶ 하나님이 약속하신 성령 충만을 받아 예수님의 증인이 된다.
▶ 하나님 나라 백성으로 살기 위해서는 반드시 성령 충만을 받아야 함을 안다.

본문 살피기
▶ 오순절에 성령의 나타나심의 증거는 무엇입니까?(1~4절)
▶ 제자들이 말하는 것을 보고 왜 사람들이 소동했습니까?(5~8절)
▶ 성령 충만한 초대교회 교인들을 향해 뭐라고 조롱하며 비난했습니까?(13절)

소그룹예배 인도 순서

사도신경 다 같이

찬　　송 191장 (통 427)

기　　도 회원 중

본문 말씀 행 2:1~13

새길 말씀 행 2:1~4

헌금 찬송 197장 (통 178)

헌금 기도 회원 중

주기도문 다 같이

말씀 나누기

　부활하신 예수님은 40일 동안 제자들을 만나 권면하시며 하나님 나라에 대한 증거와 그 나라가 이 땅에 이루어질 것을 가르쳐 주셨습니다. 또한 예수님은 하나님의 나라를 위하여 예루살렘을 떠나지 말고 아버지께서 약속하신 성령을 기다리라고 말씀하셨습니다(행 1:4). 그리고 "오직 성령이 너희에게 임하시면 너희가 권능을 받고 예루살렘과 온 유대와 사마리아와 땅 끝까지 이르러 내 증인이 되리라 하시니라"(행 1:8)고 말씀하셨습니다. 예수님의 마지막 약속을 따라 사도들을 포함한 120명의 제자들은 마가의 다락방에 모여 아버지께서 약속하신 성령을 기다리며 마음을 같이 하여 기도에 힘썼습니다.

오순절에 성령이 임하시자 주님의 약속대로 예루살렘에서 온 유대, 사마리아 그리고 땅 끝까지 복음이 증거되어 하나님 나라가 확장되어 갔습니다. 이처럼 성령의 충만한 은혜가 임할 때 하나님 나라가 확장됩니다. 그러면 성령 충만하기 위해서는 어떻게 해야 하는지 살펴보겠습니다.

1. 모이기를 힘써야 합니다

부활하신 예수님은 제자들에게 예루살렘을 떠나지 말고 아버지께서 약속하신 성령을 기다리라고 부탁하셨습니다. 1절을 보면 "오순절 날이 이미 이르매 저희가 다 같이 한 곳에 모였더니…"라고 기록되어 있습니다. 제자들은 예수님의 말씀대로 예루살렘을 떠나지 않았습니다. 그리고 마가의 다락방에 모였습니다. 제자들에게 마지막 남은 희망은 예수님이 약속하신 성령이었습니다. 이제 제자들은 함께 모여서 예수님이 약속하신 성령을 기다렸습니다. 마침내 오순절에 하늘이 열리고 불같은 성령이 그들에게 충만히 임하였습니다.

이처럼 믿음의 공동체가 함께 모인 자리에 하나님의 성령이 충만히 임했는데, 이것은 하나님 약속의 성취입니다. 세상은 성도들을 분주하게 만들어서 하나님 앞에 모이는 것을 방해하고 있습니다. 그러나 성경은 마지막 때가 가까울수록 더욱 모이기를 힘쓰라고 말씀하십니다(히 10:25). 한 마음으로 모여 간절히 기도하는 곳에 성령께서 임하십니다.

"날마다 마음을 같이하여 성전에 모이기를 힘쓰고 집에서 떡을 떼며 기쁨과 순전한 마음으로 음식을 먹고, 하나님을 찬미하며 또 온 백성에게 칭송을 받으니 주께서 구원받는 사람을 날마다 더하게 하시니라"(행

2:46~47)

2. 약속의 말씀을 믿고 열심히 기도해야 합니다

예수님은 "…예루살렘을 떠나지 말고 내게서 들은 바 아버지께서 약속하신 것을 기다리라 요한은 물로 세례를 베풀었으나 너희는 몇 날이 못 되어 성령으로 세례를 받으리라"(행 1:4~5)고 말씀하셨습니다. 사도들과 제자들은 그 말씀을 믿고 모여서 열심히 기도하였습니다. 그리고 약속하신 말씀대로 성령 충만을 체험했습니다. 지금의 우리도 모여서 열심히 기도해야 합니다. 그러면 하나님이 약속하신 성령을 충만하게 부어주십니다. "말세에 남종과 여종들에게 물 붓듯 부어주리라"(행 2:17~18)고 약속하셨습니다. 기도는 하나님이 주신 천국 문의 열쇠입니다(마 16:19). 기도는 하나님의 마음을 움직이게 하는 능력이 있습니다. 그러므로 무엇보다 힘써 기도해야 합니다. 우리가 성령 충만한 은혜를 체험할 때 세상을 이길 힘이 생기고 하나님의 나라가 이 땅에 확장됩니다.

"일을 행하는 여호와, 그것을 지어 성취하는 여호와, 그 이름을 여호와라 하는 자가 이같이 이르노라. 너는 내게 부르짖으라 내가 네게 응답하겠고 네가 알지 못하는 크고 비밀한 일을 네게 보이리라"(렘 33:2~3)

3. 성령을 사모하고 기다려야 합니다

120명의 성도들은 함께 모여서 예수님이 약속하신 성령을 사모하였습니다. 사모하는 자가 기도하고 기도하는 자에게 하나님은 성령을 부어 주십니다. 지금은 은혜를 사모하고 기다려야 할 때입니다. "예루살렘을 떠나지 말고 내게 들은 바 아버지의 약속하신 것을 기다려라"라고 하신 예수님의 말씀을 믿고 기다려야 합니다. "또 너희는 몇 날이 못 되어 성령으로 세례를 받으리라"라고 하신 말씀을 믿고 사모하며 기다려야 합니다. 고린도후서 6장 2절은 "가라사대 내가 은혜 베풀 때에 너를 듣고 구원의 날에 너를 도왔다 하셨으니 보라 지금은 은혜 받을만한 때요 보라 지금은 구원의 날이로다"라고 말씀하십니다. 모든 일에 때가 있듯이 은혜 받고 성령 받는 것도 때가 있습니다. 그때를 잃어버리면 안 됩니다.

골방에서 두려움에 주저하고 있었던 제자들에게 성령의 충만함이 임하자 제자들은 문을 박차고 나가서 담대하게 부활하신 예수님과 하나님 나라의 복음을 증거 하였습니다. 이로 인하여 하루에 3천 명이 회개하고 병든 자가 고침 받으며 귀신이 쫓겨나가는 역사가 일어났습니다. 이처럼 성령의 충만은 하나님의 사람들로 하여금 두려움을 극복하게 하여 하나님 나라를 선포하게 하며, 예루살렘, 온 유대, 사마리아, 땅 끝까지 하나님 나라를 확장시키도록 합니다.

"오직 성령이 너희에게 임하시면 너희가 권능을 받고 예루살렘과 온 유대와 사마리아 땅 끝까지 이르러 내 증인이 되리라 하시니라"(행 1:8)

말씀 실천하기
* 나는 성령 충만을 위해서 기도합니까?
* 성령 충만 받기 위해서 해야 할 일은 무엇이라고 생각합니까?

합심 기도하기
* 성령 충만하여 하나님의 뜻을 깨닫고 순종하는 삶을 살게 하소서.
* 성령 충만하여 예수 그리스도의 증인 된 삶을 살게 하소서.

11 하나님 나라와 성결

본문 말씀 **엡 4:17~24**

이룰 목표
▶ 성결하지 않으면 하나님 나라 백성으로서의 삶을 살 수 없음을 깨닫는다.
▶ 성령의 역사로 옛사람을 벗어버리고 하나님을 따라 의와 진리로 지으심을 받은 새사람을 입었음을 안다.

본문 살피기
▶ 어떻게 해서 하나님의 생명에서 떠나게 되었습니까?(18절)
▶ 어떤 사람을 옛사람이라고 합니까?(22절)
▶ 무엇이 새롭게 되어야 새사람을 입을 수 있습니까?(23~24절)

소그룹예배 인도 순서

사도신경 다 같이

찬　　송 423장 (통 213)

기　　도 회원 중

본문 말씀 엡 4:17~24

새길 말씀 엡 4:22~24

헌금 찬송 420장 (통 212)

헌금 기도 회원 중

주기도문 다 같이

말씀 나누기

삶 속에서 온전한 하나님의 나라 백성으로 살아가려면 먼저 성결해야 합니다. '성결'은 '거룩', '정결', '성령세례', '불세례', '완전한 사랑'으로 표현할 수 있습니다. 하나님 나라의 백성인 그리스도인에게 요구되는 성결은 하나님과 같은 절대적 성결이 아닙니다. 하나님과의 만남을 통해 받는 상대적 성결이며 예수님의 피로 구속함을 받은 하나님의 자녀들에게 주시는 제2의 은혜입니다. 이 은혜는 구원받은 성도들이 하나님 나라 백성으로 살도록 하기 위해 주시는 성령의 능력입니다.

믿음으로 거듭났다고 할지라도 인간에게

는 여전히 죄성이 남아 있기 때문에 하나님의 뜻을 따라 살 수 있는 능력이 부족합니다. 바울도 로마서 7장 22~23절에서 "내 속사람으로는 하나님의 법을 즐거워하되 내 지체 속에서 한 다른 법이 내 마음의 법과 싸워 내 지체 속에 있는 죄의 법으로 나를 사로잡는 것을 보는도다"라고 고백했습니다. 그래서 본문은 죄로 타락한 자연인 상태의 '옛 사람'을 벗어버리고 거룩함, 즉 성결함으로 지으심을 받은 '새 사람'을 입으라고 가르쳐줍니다. 믿음으로 거듭나는 단계에서 한 단계 더 성장한 '새 사람'(성결한 사람)이 되라는 것입니다. 그러면 어떻게 새 사람이 될 수 있습니까?

1. 옛 사람을 벗어버려야 합니다

바울은 말하기를 "너희는 유혹의 욕심을 따라 썩어져 가는 구습을 따르는 옛 사람을 벗어 버리고"(22절)라고 했습니다. 새 옷을 입으려면 먼저 더러운 옷을 벗어야 합니다. 더러운 옷 위에 새 옷을 입는 사람은 아무도 없습니다. 탕자가 아버지를 떠나갈 때는 깨끗한 새 옷을 입고 있었지만 세속에서 살면서 산 옷은 방탕으로 더럽혀진 어둠의 옷이 되었습니다. 그러나 다시 회개하고 아버지께 돌아오니 아버지는 세상 죄로 더러워진 옷들을 벗기고 목욕을 시킨 후 새 옷을 입히고 금가락지를 끼워줍니다.

이처럼 새 사람을 입기 위해서는 먼저 옛 사람의 더러운 옷들을 벗어버려야 합니다. 옛 사람은 하나님을 모르던 시절 가졌던 자기중심적 관점, 교만, 욕심 등을 따르는 사람입니다. 옛 사람은 우리를 탕자처럼 낭패의 길로 인도하고 참된 하나님 나라를 이루지 못하도록 합니다. 나아가 그리스도인이 누려야 할 참된 평안과 기쁨을 누리지 못하게 합니다. 그러므로 죄의 유혹에 연약한 옛사람을 벗어버리기 위해서 성결의 은혜를 구하여야 합니다. 그러한 헛된 욕망과 죄의 습관을 깨트리기 위해 십자가의 보혈로 깨끗함을 받아야 합니다.

> "우리가 알거니와 우리의 옛 사람이 예수와 함께 십자가에 못 박힌 것은 죄의 몸이 죽어 다시는 우리가 죄에게 종노릇 하지 아니하려 함이니 이는 죽은 자가 죄에서 벗어나 의롭다 하심을 얻었음이라"(롬 6:6~7)

2. 새 사람을 입어야 합니다

옛 사람을 벗어 버리고 새 사람을 입기 위해서는 오직 심령이 새롭게 되어야 한다고 말씀합니다(23절). 우리 마음의 중심에는 영이 있습니다. 이 영이 먼저 새로워져야 합니다. 그 영과 함께 성령이 거하십니다. 우리가 예수 그리스도를 통해 하나님과 연결될 때, 죽었던 영이 다시 살아나면서 하나님의 형상이 회복되며 참된 의와 성결을 소유하게 됩니다. 이것이 바로 새 사람 된 우리가 입어야 할 새 옷입니다. 이 옷은 "하나님을 따라 의와 진리의 거룩함"(24절)으로 지으심을 입은 새 옷입니다. 새롭게 된다는 것은 본래 하나님께서 인간을 창조하실 때 하나님의 형상대로 지은바 된 새 사람으로 갈아입는 것입니다. 새 사람은 하나님의 말씀을 따라 순종하며 살아가는 거룩한 사람입니다. 또한 성령의 감동하심에 따라 살기에 강하고 담대할 수 있으며, 예수님을 믿는 믿음으로 세상을 이길 수 있습니다.

> "너희는 이 세대를 본받지 말고 오직 마음을 새롭게 함으로 변화를 받아 하나님의 선하시고 기뻐하시고 온전하신 뜻이 무엇인지 분별하도록 하라"(롬 12:2)

3. 새 사람의 목표는 예수 그리스도입니다

새 사람은 의와 진리의 거룩함으로 속사람이 새롭게 창조되는 것입니다. 성령께서는 거듭난 성도들로 하여금 의와 진리로 거룩하게 살 수 있도록 도와주십니다. 죄의 유혹을 이길 수가 없었는데 새 사람이 되니 유혹이 와도 이길 수 있는 능력이 생겼습니다. 이것이 우리 안에 새롭게 변화된 새 사람인 것입니다.

이전에는 혈기를 다스리지 못하던 사람이 이제 새 사람이 되니까 하나님의 은혜로 혈기가 다스려집니다. 남을 용서할 수 없었는데 이제는 남을 불쌍히 여기는 마음이 우러나옵니다. 편협적인 사랑만 했었는데 이제는 나를 넘어선 진정한 사랑이 내 안에서 흘러나옵니다. 이것이 참된 그리스도인으로의 변화입니다. 새 사람은 내 속에서 예수 그리스도의 마음이 흘러나오게 하는 힘이 있습니다.

새 사람의 목표는 예수 그리스도입니다. 예수님이 보여주신 삶의 모본은 따라 이 세상을 살아가는 것입니다. 바울 사도는 에베소서 4장 15절에서 "오직 사랑 안에서 참된 것을 하여 범사에 그에게까지 자랄지라 그는 머리니 곧 그리스도라"라고 하였습니다. 우리가 바라보고 따라가야 할 분은 예수님입니다. 그러므로 새 사람은 예수님처럼 모든 일을 사랑 안에서 행하고 하나님의 마음으로 이웃을 대하며, 범사에 하나님의 뜻을 따라 살아야 합니다. 즉, 예수 그리스도와 하나가 되는 사람이 새 사람입니다.

"그런즉 누구든지 그리스도 안에 있으면 새로운 피조물이라 이전 것은 지나갔으니 보라 새 것이 되었도다"(고후 5:17)

말씀 실천하기

* 나는 거듭난 성도의 모습으로 살고 있습니까?
* 나는 옛 사람의 모습을 버리기 위해 노력하고 있습니까?

합심 기도하기

* 썩어져 가는 구습을 따르는 옛 사람을 벗어버리고 새 사람의 삶을 살게 하소서.
* 성령 충만함으로 새 사람을 입어 항상 의와 진리로 하나님을 따라 살아가게 하소서.

12 하나님 나라와 신유

본문 말씀 막 2:1~12

이룰 목표
▶ 신유가 마음과 육체의 질병을 치료하시는 구원 사역임을 안다.
▶ 예수님만이 전인적인 구원자 되심을 안다.

본문 살피기
▶ 중풍병자를 예수님께 데리고 갈 수 없을 때 그들은 어떻게 했습니까?(4절)
▶ 예수님께서 그들의 무엇을 보시고 중풍병자를 치료해주십니까?(5절)
▶ 예수님께서 왜 중풍병자에게 네 죄 사함을 받았다고 하셨습니까?(9~10절)

소그룹예배 인도 순서

사도신경 다 같이

찬   송 284장 (통 206)

기   도 회원 중

본문 말씀 막 2:1~12

새길 말씀 막 2:5

헌금 찬송 471장 (통 528)

헌금 기도 회원 중

주기도문 다 같이

말씀 나누기

예수님의 사역을 세 가지로 정리한다면 첫째는 회당에서 가르치시고 둘째는 천국 복음을 전파하시고 셋째는 모든 병과 모든 약한 것을 고치시는 치유사역입니다(마 4:23). 그런데 치유사역은 병의 근원을 치유하시는 구원사역의 결과라고 할 수 있습니다. 인간에게 주어진 병의 근원은 죄로 인해 하나님 나라를 잃어버린 결과였습니다. 물론 모든 질병이 다 죄로부터 왔다고 할 수는 없지만 그 본질에는 인간의 죄악이 감추어 있습니다. 요한계시록에서도 하나님 나라의 특징에 대하여 소개하면서 "다시는 사망이 없고 애통하는 것이나 곡하는 것이나 아픈 것이 다시 있지 아니하리니 처음 것들이 다 지나갔음이러라"(계 21:4)고 하였습니다. 하나님 나라가 회복되면 당연히 모든 질병에서 자유함을 얻는 것입니다. 그래서 중풍병자를 치유하시면서 "네 죄사함을 받았느니라"(9절)고 선포하심으로 그 병에서 고침을 받게 해주셨습니다. 그러면 중풍병자가 어떻게 예수님을 만나서 신유의 은혜를 체험하게 되었는지 살펴보겠습니다.

1. 예수님께 나아가는 믿음이었습니다

자신의 병을 고치기 위해 중풍병자는 아마도 여러 가지 좋다는 방법을 다 사용해 보았을 것입니다. 그러나 그에게는 좋은 약과 실력이 뛰어난 의원도 아무 효험이 없었습니다. 중풍병은 흔히 뇌혈관장애로 생기는 병입니다. 당시로서는 불치의 병이었습니다. 오랜 질병으로 인해 절망하고 있을 때, 바로 예수님의 소문을 듣게 된 것입니다. 그 소식을 듣자 예수님께 나아가면 낫겠다는 믿음이 생겼습니다. 아주 단순한 믿음입니다. 단순한 믿음이 기적을 일으킵니다. 뿐만 아니라 예수님의 소문을 듣고 동네에 살던 친구들 역시 중풍병에 걸린 친구를 예수님께 데리고 가면 낫는다는 믿음이 생겼습니다.

이렇게 믿음은 예수 그리스도의 말씀을 듣고 마음에 소원을 갖는 것으로부터 시작됩니다. 이러한 믿음이 순종으로 바뀔 때 그 바라는 것이 실상으로 다가옵니다. 예수님께 나아가면 낫는다는 믿음이 생겼습니다. 이러한 믿음이 바로 이들로 하여금 침상을 들고 예수님께 나아가게 했습니다. 우리도 이처럼 말씀을 들을 때 믿음이 생깁니다. 믿음이 생기면 움직이기 시작합니다. 그 믿음은 항상 행동을 동반하게 되어 있습니다. 믿음은 표현될 때 믿음의 역사가 나타납니다.

"예수께서 가버나움에 들어가시니 한 백부장이 나아와 간구하여 이르되 주여 내 하인이 중풍병으로 집에 누워 몹시 괴로워하나이다"(마 8:5~6)

2. 연합하는 믿음이었습니다

중풍병자는 예수님이 계신 곳으로 가고 싶었지만 혼자 힘으로 갈 수가 없었습니다. 그때 중풍병자의 간절한 소원에 감동받은 네 명의 친구가 힘을 합했습니다. 친구들은 중풍병자가 누운 침상을 한 귀퉁이씩 메고 예수님께 나아갑니다. 이것은 바로 연합이요 하나 됨의 믿음입니다. 예수님이 평소에 제자들에게 가르친 말씀 중 한 가지가 "네가 아버지와 하나 된 것같이 너희도 하나가 되라"라는 것입니다. 연합하고 하나 되는 것을 아주 귀하게 보신 것입니다.

오늘날 우리가 사는 세상은 이기주의와 개인주의가 팽배합니다. 이것은 사단의 무서운 전략입니다. 하나님의 나라는 하나 됨을 이루는 곳입니다. 그런데 인간은 죄를 범함으로 서로 나누이고 하나 됨이 깨어졌습니다. 우리가 주의 일을 하다 보면 생각이 다르고 의견이 다를 수 있습니다. 그렇다고 상대방이 틀린 것은 아닙니다. 다르기 때문에 조화를 이루어야 합니다. 내 생각과 다를 때에도 그 사람의 입장에서 이해하는 넓은 마음이 필요합니다. 십자가는 하나 됨의 도를 가르쳐 줍니다. 깨어졌던 관계를 회복하기 위해서 예수님은 십자가를 지셨습니다. 그러므로 예수 그리스도 안에서 하나 될 때 하나님의 나라가 그곳에 임하고 하나님의 놀라운 기적이 일어납니다.

"몸이 하나요 성령도 한 분이시니 이와 같이 너희가 부르심의 한 소망 안에서 부르심을 받았느니라 주도 한 분이시요 믿음도 하나요 세례도 하나요"(엡 4:4~5)

3. 포기하지 않는 믿음이었습니다

소문을 듣고 예수께로 왔지만 너무나 많은 사람들이 모였기 때문에 도저히 접근할 수가 없었습니다(4절). 이 상황에서 사람들이 취할 수 있는 행동은 '포기하느냐 아니면 끝까지 시도하느냐'입니다. 보통 이런 상황에서는 단념하고 되돌아가는 경우가 많을 것입니다. 그러나 본문의 중풍병자와 친구들은 예수님을 만나면 고침 받을 수 있다는 믿음을 선택했습니다. 그래서 지붕을 뚫고 침상 채로 중풍병자를 내렸습니다. 이것은 방 안에 있었던 예수님을 위시한 사람들에게 무례하다고 비난받을 수도 있는 행동이었습니다. 그러나 친구를 고쳐야 한다는 마음 때문에 이 모든 것을 넘어서서 침상 채 달아 내렸습니다. 장애를 극복한 믿음이었습니다.

신앙생활을 하다보면 여러 가지 장애가 우리를 가로막습니다. 때로는 친구, 가족 등 가까운 사람들이 장애물 역할을 하기도 하고 주변 환경이 하나님의 뜻을 따라 살지 못하도록 가로막을 때도 있습니다. 그러나 오늘을 살아가는 우리에게는 본문에 나오는 사람들처럼 장애를 넘어서 주님께 나아가는 포기하지 않는 믿음이 필요합니다.

예수님은 이들의 믿음을 보시고 중풍병자의 근본 문제까지 해결해 주셨습니다. 질병의 해결뿐만 아니라 영적인 문제까지 해결해 주신 것입니다. "네 죄 사함을 받았느니라"(5절) 이것이 바로 전인적인 구원입니다. 온전하게 하나님 나라의 능력을 회복하고 그 은혜 가운데 사는 것이 바로 신유의 은혜입니다. 주님은 그 어떤 병도 치유할 수 있는 구원의 하나님이십니다.

"그 눈을 뜨게 하여 어둠에서 빛으로, 사탄의 권세에서 하나님께로 돌아오게 하고 죄 사함과 나를 믿어 거룩하게 된 무리 가운데서 기업을

얻게 하리라 하더이다"(행 26:18)

하나님 나라는 하나님의 백성들이 갖추어야 될 신앙의 기준과
삶의 모습을 제시하므로 이 땅에서 하나님 나라를 소망하는 신앙을
가지고 힘 있게 살아갈 수 있도록 이끌어 줄 것이다.

ελεγεν δε τινι ομοια εστιν η βασιλεια
ομοια εστιν κοκκω σιναπεως ον λαβων ανθρωπ
πετεινα του ουρανου κατεσκηνωσεν εν τοις κλαδο

και παλιν ειπε
ομοια εστιν ζυμη ην λαβουσα γυνη ενεκρυψεν εις αλ

τινι ομοια εστιν η βασιλεια
ομοια εστιν κοκκω σιναπεως ον λαβων ανθρωπος εβαλεν

και παλιν ειπεν
ομοια εστιν ζυμη ην λαβουσα γυνη ενεκρυψεν εις α

하나님 나라 비밀

PART 2

θεου και τινι ομοιωσω αυτην
...υτον εαυτου και ηυξησεν και εγενετο εις δενδρον μεγα και τα
του

...ι ομοιωσω την βασιλειαν
σατα τρια εως ου εζυμωθη ολον

θεου και τινι ομοιωσω αυτην
ον εαυτου και ηυξησεν και εγενετο εις δενδρον μεγα και τα
να του ουρανου κατεσκηνωσεν εν τοις κλαδοις αυτου
ι ομοιωσω την βασιλειαν
υ σατα τρια εως ου εζυμωθη ολον

13 하나님 나라의 시작, 예수 그리스도

본문 말씀 **마 13:18~23**

이룰 목표
▶ 예수님의 비유를 통해 하나님 나라의 비밀을 배운다.
▶ 이 땅에서 맛볼 수 있는 하나님 나라를 이해하고 배운다.

본문 살피기
▶ 길가에 뿌려진 씨를 누가 와서 빼앗아 갑니까?(19절)
▶ 가시떨기에 떨어진 씨앗은 왜 열매를 맺지 못하였습니까?(22절)
▶ 좋은 땅에 떨어진 씨는 몇 배로 결실하였습니까?(23절)

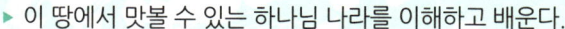

소그룹예배 인도 순서

사도신경 다 같이
찬　송 80장 (통 101)
기　도 회원 중
본문 말씀 마 13:18~23
새길 말씀 마 13:23
헌금 찬송 85장 (통 85)
헌금 기도 회원 중
주기도문 다 같이

말씀 나누기

하나님 나라! 그것은 그리스도인이라면 날마다 마음 속에서 꿈꾸고, 생각하고, 사모하고, 느끼며 살아야 합니다. 그런데 놀랍게도 많은 예수 믿는 사람들이 눈을 뜨면 하나님 나라는 까맣게 잊어버리고 하루를 시작합니다. 교회에 와서 주일학교 교사도 하고, 성가대도하고, 봉사도 하지만 정작 하나님 나라를 생각하지 못합니다.

본문에서 예수님은 네 종류의 밭에 뿌려진 씨앗을 설명하시면서 하나님 나라를 말씀하십니다. 길가에 뿌려진 씨앗, 돌밭에 뿌려진 씨앗, 가시밭에 뿌려진 씨앗, 좋은 밭에 뿌려진 씨앗을 통해 하나님 나라의 비밀을 선포하십니다. 하나님 나라는 우리 모두의 굉장한 관심사입니다. 예수님은 씨 뿌리는 비유를 통해 하나님 나라를 자세히 설명해 주고 계십니다. 이 비유를 통해 무엇을 배울 수 있는지 살펴보겠습니다.

1. 하나님 나라는 감춰진 비밀입니다

성경의 비밀은 하나님 나라에 있고, 비유는 이 하나님 나라의 비밀을 캐내는데 목적이 있습니다. "이는 선지자들을 통하여 말씀하신바 내가 입을 열어 비유로 말하고 창세로부터 감추인 것들을 드러내리라 함을 이루려 하심이라"(마 13:35)고 하셨습니다.

예수님은 하나님 나라를 이루기 위해 오신 분입니다. 예수님을 깨닫는 자가 하나님 나라를 깨닫는 자요, 예수님을 믿는 자가 하나님 나라를 소유하는 자요, 예수님을 모시는 자가 하나님 나라를 이루는 자입니다.

예수님이 농사짓는 일, 고기 잡는 일, 장사하는 일을 통해서 하나님 나라의 비밀을 가르쳐 주신 것은 자연의 모든 질서와 환경, 우리 주위의 일상생활을 통해서 하나님 나라의 진리를 알 수 있다는 뜻입니다. 그러므로 자연의 모든 현상에서 영적 진리를 찾아보는 지혜가 있어야 합니다.

하루 종일 피곤함 속에서도 나뭇잎 하나, 흐르는 바람, 하늘의 별, 그 모든 것에서 주님을 느낀다던 그것이 하나님 나라를 경험하는 것입니다. 하나님 나라는 죽음 이후에 맞이하는 세계뿐만 아니라, 지금 이 순간부터 우리가 누려야 하며 적용해야 할 세계입니다.

"또 여기 있다 저기 있다고도 못하리니 하나님의 나라는 너희 안에 있

느니라"(눅 17:21)

2. 하나님 나라의 씨앗인 말씀은 누구에게나 똑같이 뿌려졌습니다

씨앗이 길 가에 뿌려진 것은 악한 자가 와서 그 마음에 뿌려진 것을 빼앗았기 때문에 열매를 맺을 수 없었습니다. 돌밭에 뿌려진 것은 뿌리가 없어 환난이나 박해가 올 때 쉽게 넘어져 열매를 맺을 수 없었고, 가시떨기에 뿌려진 씨앗도 세상의 염려와 재물의 유혹에 말씀이 막혀 결실하지 못했습니다. 오직 좋은 밭에 뿌려진 말씀의 씨앗만이 백 배, 육십 배, 삼십 배의 열매를 맺었습니다.

똑같이 하나님 나라의 말씀을 뿌렸는데 길가와 같은 사람은 이렇게, 돌밭과 같은 사람은 저렇게, 각각 다르게 반응했습니다. 그 결과로 열매를 맺는 것과, 맺지 못하는 결과를 가져왔습니다. 하나님 나라 복음에 대한 반응은 여러 가지로 나타날 수 있습니다. 모두가 옥토라면 얼마나 좋겠습니까? 모두가 다 좋은 밭처럼 준비된 마음이 되어야 합니다. 그러나 성경은 그렇지 않다는 것을 보여줍니다. 어떤 밭이 되느냐? 하는 것은 나의 중요한 책임입니다.

"이러므로 그들의 열매로 그들을 알리라"(마 7:20)

3. 말씀을 바로 깨달을 때 우리는 하나님 나라의 삶을 체험하게 됩니다

하나님 나라는 죽어서만 맛보는 것이 아니라 지금 이 자리에서부터 누리는 것이며, 경험하게 되는 것입니다. 하나님 나라는 막연한 어떤 개념이 아닙니다. 실제로 있는 것입니다. 천국말씀을 깨닫는다는 뜻은 무엇입니까? 말씀이신 예수 그리스도를 의미합니다. 예수 그리스도를 깊이 이해할 때, 예수 그리스도를 영접할 때, 그분의 삶과 죽음과 모든 것을 받아들일 때 우리는 하나님 나라의 주인이신 예수님과 함께 하나님 나라를 실제로 경험하게 됩니다.

예수님과 함께 있으면 지옥도 천국으로 변합니다. 예수님과 함께 있으면 어떤 실패와 좌절도 승리와 성공으로 바뀝니다. 지금 이 순간 영원한 생수와 말씀이신 예수 그리스도가 우리를 지배할 수 있도록 자신을 주님께 내려놓아야 합니다. 이때 비로소 주님이 나를 통치하고 다스리시는 하나님 나라를 경험하게 됩니다.

"내가 진실로 진실로 너희에게 이르노니 내 말을 듣고 또 나 보내신 이를 믿는 자는 영생을 얻었고 심판에 이르지 아니하나니 사망에서 생명으로 옮겼느니라"(요 5:24)

말씀 실천하기
＊ 하나님 나라를 경험하기 위해 예수 그리스를 전적으로 신뢰하고 있습니까?
＊ 내 마음을 열매 맺는 옥토로 만들어가고 있습니까?

합심 기도하기
＊ 내 마음에 하나님 나라가 이루어지도록 도와주소서.
＊ 내 안에 하나님 나라의 열매들이 맺힐 수 있도록 도와주소서.

14 가라지의 최후, 불태우는 심판

본문 말씀 **마 13:24~30**

이룰 목표 ▸ 가라지 비유를 통해 가라지의 본질을 배운다.
▸ 마귀의 정체를 파악하고 이 땅에 죄악이 존재하는 이유를 배운다.

본문 살피기 ▸ 사람들이 잘 때 누가 와서 곡식 가운데 가라지를 뿌리고 갑니까?(25절)
▸ 가라지를 뽑지 말고 언제까지 가만히 두라고 말씀하십니까?(28~29절)
▸ 곡식은 모아 곳간에 들이고 가라지는 어떻게 합니까?(30절)

소그룹예배 인도 순서

사도신경 다 같이

찬 송 369장 (통 487)

기 도 회원 중

본문 말씀 마 13:24~30

새길 말씀 마 13:30

헌금 찬송 400장 (통 463)

헌금 기도 회원 중

주기도문 다 같이

말씀 나누기

씨가 옥토에 떨어져 자라고 열매를 맺으면 다 된 것일까요? 예수님은 그렇지 않다고 말씀하십니다. 여기서 가라지 비유를 만나게 됩니다. 좋은 밭에 좋은 씨를 뿌렸지만 예기치 못한 일을 만납니다. 가라지가 함께 자라고 있다는 사실입니다(24절). 이것이 이 땅에 사는 그리스도인들이 느끼는 하나님 나라의 현실입니다. 세상의 모든 문제가 그렇게 간단하지는 않습니다. 예수 믿고 구원받았으면 만사형통입니까? 만사형통일 수도 있지만 아닐 수도 있습니다.

우리가 사는 이 세상에는 선만 있지 않

습니다. 악이 공존합니다. 악한 세력들은 어디에나 숨어 있습니다. 교회 안에도 있고, 우리 가정과 자기 자신 안에도 있습니다. 정의가 항상 승리하는 것은 아닙니다. 악이 더 강력하게 역사하는 경우도 있는 것이 현실이요, 우리가 느끼는 삶입니다. 이 땅에서는 항상 가라지가 공존하므로 완벽한 천국을 만들 수는 없지만 천국의 삶은 살아갈 수 있습니다. 이것이 가라지 비유의 요점입니다. 가라지 비유를 통해 무엇을 배울 수 있는지 살펴보겠습니다.

1. 가라지를 뿌린 것은 사탄입니다

가라지 비유를 통해 세상에는 하나님의 아들들과 마귀의 아들들이 공존하고 있다는 사실을 가르쳐 주십니다. 이 세상은 예수님과 마귀가 싸우는 전쟁터와 같다고 표현할 수 있습니다. 누가 밤에 몰래 가라지를 뿌렸습니까? 마귀입니다(마 13:39). 마귀는 살인자요, 파괴자요, 거짓말쟁이입니다. 중상모략하여 하나님의 자녀들이 나타나는 것과 풍성해지는 것을 막고 있습니다. 하나님 나라의 씨앗이 열매 맺지 못하도록 가라지를 뿌렸습니다.

마귀는 진리 비슷한 것을 심어서 미혹합니다. 가라지는 알곡과 비슷하여 열매 맺을 때까지 구분이 어렵습니다. 마귀의 모습도 양의 가죽을 쓴 이리입니다. 가장 신앙적이고 매력적이고 그럴듯하게 나타납니다. 그러나 때가 되면 날카로운 발톱과 이빨을 드러냅니다. 인정사정 없이 양을 찍어 버립니다. 이것이 이단의 모습이고, 마귀의 본질입니다.

"······그는 처음부터 살인한 자요 진리가 그 속에 없으므로 진리에 서지 못하고 거짓말을 말할 때마다 제 것으로 말하나니 이는 그가 거짓말

2. 이 세상에는 악이 공존하고 있습니다

역사 속에 악이 왜 존재하는가? 하나님이 살아 계시다면 이 세상의 악을 순식간에 멸해 버리면 될 것이 아닌가? 라고 사람들은 생각합니다. 예수님은 "둘 다 추수 때까지 함께 자라게 두라"고 하셨습니다. 왜 그렇게 하셨을까요? 마귀를 단순하게 생각하면 안 됩니다. 가라지는 처음에는 알곡처럼 보입니다. 가라지가 자라서 알곡과 구별이 될 때는 이미 가라지의 뿌리와 알곡의 뿌리가 뒤엉켜 있을 때입니다. 이때 가라지를 뽑으면 알곡마저 뽑히기 때문에 예수님은 가라지를 그냥 두라고 하신 것입니다.

여기에 사탄의 교활함을 볼 수 있습니다. 알곡을 빨아먹고 사는 것이 가라지입니다. 가라지는 철저하게 기생충 같은 삶을 삽니다. 그리스도인을 빨아먹고 사는 것이 마귀의 세력입니다. 하나님께서 악을 멸할 능력이 없어서 멸하지 않는 것이 아니라 우리를 사랑하시기 때문에 잠깐 보류하시는 것뿐입니다.

"근신하라 깨어라 너희 대적 마귀가 우는 사자 같이 두루 다니며 삼킬 자를 찾나니 너희는 믿음을 굳건하게 하여 그를 대적하라"(벧전 5:8~9)

3. 추수 때에 가라지는 불에 던져집니다

그러면 예수님은 무작정 기다리시는 분입니까? 아닙니다. 때가 있습니다. 39절에서 "추수 때는 세상 끝이요 추수꾼은 천사들이니"라고 해석해 주셨습니다. 악은 영원히 존재하지 못합니다. 반드시 심판하시는 때가 있습니다. 지옥이란 막연한 개념이 아니라 실재하는 사실입니다. 영원히 꺼지지 않는 불속에서 영원한 고통을 느끼는 무서운 곳입니다(마 13:41~42). 마귀는 사람들에게 지옥의 실재를 보여주지 않습니다. 그것을 보면 지옥에 갈 사람은 아무도 없기 때문입니다. 지옥은 이렇게 무서운 곳입니다.

하나님 나라는 방해하는 세력들 속에서 자랍니다. 그러나 방해하는 세력들 때문에 열매를 못 맺는 법은 없습니다. 하나님 나라가 내안에 자라는 가운데 방해하는 세력들이 물밀 듯이 밀려온다 할지라도 두려워하지 않아야 합니다. 왜냐하면 예수님이 이미 십자가로 마귀를 이기셨기 때문입니다.

"……세상에서는 너희가 환난을 당하나 담대하라 내가 세상을 이기었노라"(요 16:33)

말씀 실천하기
* 사탄의 본질을 알고 속지 않으려고 말씀을 묵상하며 기도하고 있습니까?
* 내 가정의 하나님 나라를 빼앗는 가라지는 무엇인지 분별하고 있습니까?

합심 기도하기
* 말씀과 지혜로 마귀에게 속지 않도록 도와주소서.
* 내 가정의 하나님 나라를 방해하는 가라지를 제거할 수 있도록 도와주소서.

15 겨자씨, 성장해가는 하나님 나라

본문 말씀 **마 13:31~32**

이룰 목표
▶ 하나님 나라는 지극히 작은 것에서부터 성장해나가는 것임을 배운다.
▶ 이 땅에서부터 내 안에 하나님 나라가 자라고 있음을 배운다.

본문 살피기
▶ 하나님 나라는 마치 사람이 자기 밭에 무엇을 심은 것과 같습니까?(31절)
▶ 겨자씨는 모든 씨보다 어떤 상태에 있습니까?(32절)
▶ 겨자씨가 자라서 나무가 되면 무엇들이 와서 깃들이게 됩니까?(32절)

소그룹예배 인도 순서

사도신경 다 같이
찬 송 438장 (통 495)
기 도 회원 중
본문 말씀 마 13:31~32
새길 말씀 마 13:32
헌금 찬송 435장 (통 492)
헌금 기도 회원 중
주기도문 다 같이

말씀 나누기

어떤 사람이 자기 밭에 지극히 작은 겨자씨 하나를 심었습니다. 그런데 놀랍게도 이 씨가 자라서 나무가 되었습니다. 나무가 자라며 가지가 넓게 퍼지니 많은 새들이 와서 깃들이게 되었습니다. 예수님 당시에 겨자씨는 가장 작은 것을 상징하는 씨앗이었습니다. 세상에서 가장 작은 믿음을 가리켜 예수님은 겨자씨와 같은 믿음이라고 말씀하셨습니다. 그리고 하나님 나라는 사람이 자기 밭에 갖다 심은 겨자씨 한 알과 같다고 하셨습니다.

그렇다면 이 겨자씨 비유의 요점은 무엇입

니까? 하나님 나라는 지극히 작은 데서 시작되어 성장하고 변화한다는 말씀입니다. 하나님 나라는 갑자기 커지는 것이 아닙니다. 작게 시작되었지만 온 세계에 충만하게 퍼지는 것을 설명해 주고 있습니다. 이것이 겨자씨 비유의 핵심입니다. 겨자씨 비유를 통해 무엇을 배울 수 있는지 살펴보겠습니다.

1. 하나님 나라는 작은 것에서 시작됩니다

예수님은 마구간에서 태어나셨습니다. 예수님의 출발은 지극히 작은 고을 유대 땅 베들레헴이었습니다. 지극히 외진 벽촌에서 태어나 가장 이름 없는 갈릴리에서 자라신 예수님, 하지만 역사는 이 예수 그리스도로부터 시작됩니다. 초대교회가 처음 시작되었을 때는 미미했습니다. 백이십 명으로 시작된 초대교회 교인들은 핍박 속에서 이리저리 도망 다녔고 감옥에 갇혔고 사자에게 먹혔습니다. 모진 학대와 고난을 받으면서도 초대교회는 잡초처럼 자라났습니다. 삼천 명이 모였습니다. 남자만 오천 명이 되었습니다. 허다한 무리의 수는 셀 수 없을 정도였습니다. 이것이 바로 하나님 나라가 성장하는 모습입니다.

우리는 작은 일을 한다고 소홀히 하지 않아야 합니다. 자기에게 작은 일이 맡겨졌다고 자신을 무시한다고 생각하지 않아야 합니다. 지극히 작은 일을 맡은 사람에게 하나님 나라의 기적이 일어나기 시작합니다. 작은 일을 맡는 순간 하나님 나라를 맛볼 수 있는 기회를 얻은 것입니다. 이것이 겨자씨 비유를 통해 배우는 첫 번째 진리입니다.

"...지극히 작은 자 하나에게 한 것이 곧 나에게 한 것이니라"(마 25:40)

2. 하나님 나라는 꾸준히 자라는 것입니다

하나님 나라는 갑자기 자라나지 않습니다. 조용히 그러나 끊임없이 자라납니다. 어떤 사람은 오늘 갑자기 방언을 받고 기가 막힌 은혜를 받으면 그 다음날 천사가 된 줄 압니다. 믿음은 그렇게 자라는 것이 아닙니다. 하나님의 말씀은 보이지 않게 계속적으로 내 안에서 역사하십니다. 예수님이 키가 자라고 지혜가 자라셨듯이 우리도 육의 사람에서 신령한 사람으로 성숙해 집니다. 자신을 말씀 앞에 굴복시킬 때 성결해지는 은혜를 경험하게 됩니다.

비록 과거에 어떤 죄와 허물이 있었고, 무슨 상처가 있었다 할지라도 그것은 중요하지 않습니다. 예수 그리스도 안에서 그것을 벗어버리면 됩니다. 낡은 옷을 벗어 버리듯이 그 허물을 벗는 것입니다. 성장과 변화, 이것이 바로 우리가 겨자씨 비유에서 보게 되는 하나님 나라입니다. 눈에 보이지 않는 성장, 그러나 하루도 쉬지 않는 변화, 바로 그것입니다.

"그러므로 하늘에 계신 너희 아버지의 온전하심과 같이 너희도 온전하라"(마 5:48)

3. 하나님 나라의 원동력은 생명입니다

우리는 변해야 합니다. 성장해야 합니다. 그러면 변화와 성장의 가장 중요한 원동력은 무엇입니까? 바로 생명입니다. 겨자씨 안에 있는 것은 생명입니다. 아무리 작은 씨앗이라도 생명이 있기에 큰 나무로 성장할 수 있었습니다. 하나님 나라는 성장과 변화를 일으키는 생명이 있습니다. 생명은 죽음을 삼키고 이겨낼 수 있는 힘을 줍니다. 예수님께서 죄와 사망의 저주를 십자가로 이기신 것은 생명의 승리입니다. 생명이 있는 곳에는 어떤 절망과 어둠도 있을 수 없습니다. 당신 안에 예수님의 생명이 있습니까?

눈이 보이지 않고, 잘 느껴지지 않을 때도 있지만 생명의 말씀이 있는 사람은 반드시 하나님 나라가 성장합니다. 돈으로 모든 가치를 계산하던 사람이 돈으로 계산할 수 없는 가치를 깨닫는 것이 생명의 변화입니다. 가장 유명한 것을 추구하다가 가장 유명하게 되지 않아도 그것을 자랑으로 여길 때가 올 것입니다. 이제 우리는 세상이 조롱하는, 복음을 위해 생애를 바치는 사람으로 변할지도 모릅니다. 이것이 하나님 나라가 자라고 있다는 증거이기 때문입니다. 이것이 예수님께서 겨자씨 비유를 통해 설명하신 하나님 나라입니다.

"아들이 있는 자에게는 생명이 있고 하나님의 아들이 없는 자에게는 생명이 없느니라"(요일 5:12)

말씀 실천하기
* 하나님 나라 확장을 위해 작은 일부터 충성을 다하고 있습니까?
* 예수님의 생명, 말씀의 생명을 날마다 의지하고 있습니까?

합심 기도하기
* 내 안에 하나님 나라가 날마다 확장되도록 도와주소서.
* 예수 생명의 능력으로 모든 저주와 질병에서 승리하도록 도와주소서.

16 누룩, 하나님 나라의 떡

본문 말씀 **마 13:33**

이룰 목표
▶ 누룩을 통해 하나님 나라가 확장되는 것을 배운다.
▶ 거듭난 사람들이 세상을 변화시켜야 함을 배운다.

본문 살피기
▶ 누룩은 무엇을 의미합니까?(33절)
▶ 하나님 나라는 누가 가루 서 말 속에 누룩을 넣는 것과 같습니까?(33절)
▶ 말 속에 있는 가루는 어떻게 됩니까?(33절)

소그룹예배 인도 순서

사도신경	다 같이
찬 송	336장 (통 383)
기 도	회원 중
본문 말씀	마 13:33
새길 말씀	마 13:33
헌금 찬송	453장 (통 506)
헌금 기도	회원 중
주기도문	다 같이

말씀 나누기

누룩의 비유는 부정적인 것과 긍정적인 측면이 있습니다. 누가복음 12장1절에서 "바리새인들의 누룩 곧 외식을 주의하라"고 하셨습니다(고전 5:6). 여기서 예수님은 잘못된 생각들, 악한 세력들이 순식간에 온 세계를 바꿔버린다는 것을 누룩의 전염성에 비유하여 설명하셨습니다. 그러나 본문은 하나님 나라에 대한 긍정적인 측면을 말씀하셨습니다.

누룩과 겨자씨의 비유는 아주 비슷합니다. 작은 씨를 심었는데 큰 나무가 되었다는 것과 지극히 작은 누룩으로 반죽하였는데 크게 부풀었다 하는 점입니다. 하지만 중요한 차이점이 있습니다. 겨자씨는 다른 무엇을 변화시킬 것이 아니라 그 자체가 성장한 반면, 누룩은 다른 것을 변화시켰습니다. 이것이 누룩 비유의 요점입니다. 그러면 누룩 비유의 의미는 무엇일까요?

1. 하나님 나라는 거듭난 사람들을 통해 세상을 변화시킬 수 있습니다

맛있는 빵을 만들기 위해서는 미리 반죽을 조금 떼서 거기에 누룩을 넣어 보관해 둡니다. 다음에 새로 반죽할 때 큰 밀가루 반죽에다 누룩이 든 작은 반죽을 섞어 반죽하면 이것이 아주 부드럽고 곱게 부풀어 오릅니다. 이 부풀어 오른 반죽을 구워서 먹습니다.

그러면 누룩이 밀가루 반죽을 변화시켰다는 것은 무슨 뜻입니까? 하나님 나라는 그 자체가 변화될 뿐 아니라 주위도, 세계도 변화시킨다는 것입니다. 소량의 누룩이 밀가루 반죽 전부를 순식간에 변화시키는 것처럼, 하나님 나라를 소유한 그리스도인들은 그가 살고 있는 세상을 변화시키고 새롭게 하는 능력이 있습니다. 그리스도인은 자기가 변할 뿐만 아니라 그가 살고 있는 세상을 변화시킵니다. 나 혼자 예수 믿고 하나님 나라 가면 되는 것이 아니요, 나만 축복 받고 건강하면 되는 것이 아닙니다. 우리가 살고 있는 이 세상을 변화시키지 않는다면 누룩의 역할을 감당하지 못하는 것입니다. 나 한 사람, 내 교회 하나만이라도 세상에 나가서 소금과 빛의 역할을 감당해야 합니다. 그럴 때 이 세상에 거룩한 변화를 일으키게 됩니다.

"이같이 너희 빛이 사람 앞에 비취게 하여 그들로 너희 착한 행실을 보고 하늘에 계신 너희 아버지께 영광을 돌리게 하라"(마 5:16)

2. 누룩은 번식하는 능력이 있습니다

적은 누룩이 밀가루 반죽 전체를 변화시키고 부풀게 하는 원동력은, 바로 누룩의 번식하는 능력입니다. 여기서 누룩의 능력이란 말씀의 능력, 복음의 능력을 말합니다.

누룩은 반죽된 밀가루에 접촉이 안 되면 소용이 없습니다. 반죽된 밀가루 속에 스며들어가 접촉 되어야만 그 누룩이 의미가 있습니다. 교회는 세상 속에 들어가서 부딪치고 만나고 부비고 나누어 주고 서로 공감대를 가져야 합니다. 물론 이 일이 쉽지 않습니다. 이런 과정에서 어려움이 있고, 손해를 보기도 하고, 상처받으며 희생도 해야 합니다. 그러나 변화시키는 것은 내가 아니라 내 안에 계시는 예수 그리스도, 내 안에 있는 복음의 능력이 합니다.

복음은 결단을 요구합니다. 이제 우리는 우리를 필요로 하는 모든 분야에 들어가야 합니다. 그 분야를 정성스럽게 섬겨야 합니다. 세상을 변화시키려면 지금까지 살아왔던 우리의 태도를 바꾸어야 합니다. 사물을 보는 태도, 봉사하는 태도, 헌금을 드리는 태도, 시간을 바치는 태도에서 구체적으로 변혁이 일어나지 않는 한 주님이 원하시는 누룩이 될 수 없습니다.

"즐거워하는 자들과 함께 즐거워하고 우는 자들과 함께 울라"(롬 12:15)

3. 누룩의 변화는 소리 없이 일어납니다

누룩은 조용히 소리 없이 변화를 일으킵니다. 누룩의 삶은 소리치고 선전하는 것이 아닙니다. 하나님 나라는 결코 과장이나 광고나 소문에 의해서 생겨나는 것이 아니라 조용히, 그리고 은밀하게 복음의 능력이 나타나는 것을 의미합니다. 외적으로 큰 것, 위대한 것, 소문나는 것 등에 유혹받기 쉽습니다. 우리도 모르는 사이에 돈과 권력, 사람의 명성과 능력을 의지하게 되는 데, 이것이 세속적인 믿음이 될 수 있습니다.

예수님을 보십시오. 결코 화려하거나 유명하거나 편한 것을 추구하는 분이 아니셨습니다. 작은 것에 관심이 있었고, 허례허식이 없었고, 가난하고 소외된 잃어버린 영혼에 관심이 있으셨습니다. 우리는 좀 더 오래 살고, 좀 더 무엇을 소유하려고 고민합니다. 그러나 예수님은 성공과 욕심이 아니라 포기와 비움을, 지배가 아니라 섬김을 실천하셨습니다. 예수 그리스도를 영접하고 천국을 소유하고 변화된 기쁨의 삶을 살기 원한다면, 조용히 세상을 향해 눈을 떠야 합니다. 그리고 거룩한 모험과 결단을 해야 합니다. 그래야만 세상이 변화될 수 있습니다.

"오히려 자기를 비워 종의 형체를 가지사 사람들과 같이 되셨고"(빌 2:7)

말씀 실천하기
* 당신은 매일 복음의 능력 앞에서 변화되고 있습니까?
* 내 가정과 사회가 변화될 수 있도록 거룩하게 살고 있습니까?

합심 기도하기
* 복음의 능력으로 내 자신이 변화되도록 도와주소서.
* 교회와 이 사회 속에 하나님의 거룩한 영향력을 나타내도록 도와주소서.

17

밭에 감춰진 보물, 우리가 소유해야 할 하나님 나라

본문 말씀 **마 13:44**

이룰 목표
▶ 하나님 나라는 감추어진 보물이라는 사실을 배운다.
▶ 희생하고 손해 보더라도 먼저 하나님 나라를 소유해야 함을 배운다.

본문 살피기
▶ 하나님 나라는 어디에 감추어진 보화와 같습니까?(44절)
▶ 보화를 발견한 사람은 어떤 행동을 합니까?(44절)
▶ 보화를 발견한 사람은 집에 돌아가서 그 밭을 사기 위해 무엇을 합니까?(44절)

소그룹예배 인도 순서

사도신경 다 같이
찬　　송 246장 (통 221)
기　　도 회원 중
본문 말씀 마 13:44
새길 말씀 마 13:44
헌금 찬송 380장 (통 424)
헌금 기도 회원 중
주기도문 다 같이

말씀 나누기

이 짧은 비유를 이해하려면 2천 년 전, 그 당시의 배경을 알아야 합니다. 당시는 재물과 보물을 관리하는 방법이 오늘날과 달랐습니다. 은행이나 금고가 없었기 때문에 항아리에 넣어 땅에다 묻어 두었습니다. 전쟁이 나거나 난리를 당할 때도 이 방법이 재물을 가장 잘 보관할 수 있는 안전한 방법이었습니다. 문제는 전쟁이나 난리가 났을 경우입니다. 이런 경우에는 주인이 죽을 수도 있고 살던 지역에서 쫓겨날 수도 있습니다. 그러면 아무도 보물이 있는 곳을 알지 못한 채 땅에 묻혀 버리고 맙니다. 이런 일들이 당시에는 종종 있었습니다.

당시의 관례에 의하면 주인이 없는 보물은 찾는 자가 임자였습니다. 이것은 결코 죄가 되거나 양심의 가책을 느낄 일이 아닙니다. 발견한 사람이 임자이기 때문입니다. 그래서 본문의 사람은 보물을 땅에 그대로 숨겨 두고 돌아와서 자기 재산을 다 팔아서 그 밭을 샀습니다. 밭에 감추어진 비밀의 비유를 통해 무엇을 배울 수 있는지 살펴보겠습니다.

1. 예기치 못했을 때 하나님 나라 보화가 발견됩니다

하나님 나라가 마치 밭에 감추인 보화와 같다는 말씀은 어떤 사람에게는 하나님 나라가 발견되지 않았다는 뜻입니다. 주일날 똑같이 교회에 나옵니다. 똑같은 시간에, 똑같은 장소에서, 똑같은 하나님의 말씀을 듣습니다. 이때 어떤 사람에게는 하나님의 말씀이 꿀 송이처럼 답니다. 말씀을 들을수록 영혼이 춤을 추고 기뻐하고 감격합니다. 그런데 어떤 사람에게는 자장가로 들립니다. 이처럼 하나님 나라가 밭에 감추어진 보화와 같다는 것은 어떤 사람에게는 하나님 나라가 전혀 느껴지지도 않고 이해되지도 않는다는 뜻입니다.

하나님 나라가 느껴지지도 보이지도 않는 사람의 인생은 불행합니다. 그런데 어느 날 똑같이 반복되는 일상생활 속에서 농사를 짓고 있었는데, 전혀 예기치 못하게 농부에게 보화가 발견되었습니다. 이 얼마나 놀라운 은혜요, 감격이요, 복입니까? 그저 모든 것이 감사함뿐입니다. 하나님 나라는 이렇게 우리 가운데 오는 것이라고 성경은 말씀하십니다.

"너희가 나를 택한 것이 아니요 내가 너희를 택하여 세웠나니 이는 너희로 가서 열매를 맺게 하고"(요 15:16)

2. 보화가 발견된 것은 하나님의 계획하심입니다

우리에게는 우연히 주님의 찾아오심으로 느껴지지만 하나님께는 결코 우연이 아닙니다. 오래 준비하시고 계획하시고 기다리신 결과입니다. 어떤 사람이 직장에 들어갔습니다. 사장이 예수 믿는 사람이었습니다. 월요일마다 직장 예배를 드리는지라 어쩔 수 없이 코가 꿰여 따라갔습니다. 그런데 그것이 그 사람에게 하나님 나라를 발견하는 계기가 될 줄 누가 알았겠습니까? 그것이 한순간에 그 사람의 생애를 변화시켰습니다. 그에게는 우연이었지만 하나님 편에서는 계획이었고 준비였고 그를 사랑하시는 섭리였습니다.

하나님 나라는 이렇게 오는 것입니다. 내가 찾아서 만나는 것이 아니라 어느 순간에 주어지게 됩니다. 나는 나의 인생길을 의미 없이 지나갔으나 하나님은 나를 의미 있게 만져 주셨고, 나는 우연히 행동했으나 하나님께서 필연으로 만들어 주셨습니다. 이 얼마나 놀랍고 감격스러운 축복의 사건입니까? 우연인 줄 알았는데 주님의 계획하심 아래 필연이 되는 것, 이것이 바로 밭에 감추인 보화의 비유가 말하는 두 번째 의미입니다.

"...너는 두려워하지 말라 내가 너를 구속하였고 내가 너를 지명하여 불렀나니 너는 내 것이라"(사 43:1)

3. 보물을 발견한 농부는 모든 소유를 팔아 그 밭을 샀습니다

보물을 발견한 농부는 그것을 그대로 숨겨 두고 기뻐 뛰며 돌아왔습니다. 그 순간은 빚쟁이도 무섭지 않습니다. 무시하고 조롱하던 사람들이 더 이상 두렵지 않습니다. 이제 그에게는 보화가 있기 때문입니다. 숨겨진 보물을 발견한 농부는 그 다음날 자신의 소유를 모두 팔아서 밭을 샀습니다. 천국을 발견한 사람은 이와 같습니다. 예수 그리스도를 발견한 사람, 하나님 나라를 발견한 사람은 세상적인 소유가 시시해집니다.

농부가 재산을 모두 팔아서 밭을 산 이유는 밭 속에 있는 보물 때문입니다. 태양을 발견한 사람은 더 이상 촛불을 켜고 싶어 하지 않습니다. 위대한 하나님을 만난 사람은 세상에 대한 미련과 욕심이 사라지기 시작합니다. 사도 바울도 예수님을 만난 후에는 세상의 권력도, 명예도, 지식도 배설물처럼 버렸습니다. 오직 보화인 예수님을 소유하기 위해 모두 버렸습니다. 우리는 잠깐 세상에 살다가 죽을 것입니다. 영원한 것을 위해 그 대가를 치러야 합니다. 영원한 보화를 위해 세상욕심을 희생해야 합니다.

"생각하건대 현재의 고난은 장차 우리에게 나타날 영광과 비교할 수 없도다"(롬 8:18)

말씀 실천하기
* 일상생활 속에서 하나님 나라를 경험하기 위한 사모함이 있습니까?
* 하나님 나라의 보화인 예수님을 소유하기 위해 욕심을 포기하고 있습니까?

합심 기도하기
* 생활 속에서 하나님 나라를 경험할 수 있도록 도와주소서.
* 예수님을 소유하기 위해 세상 정욕들을 포기할 수 있도록 도와주소서.

18 값진 진주, 절대적 가치의 하나님 나라

본문 말씀 **마 13:45~46**

이룰 목표
▶ 하나님 나라를 소유한 사람의 기쁨과 감격을 배운다.
▶ 하나님 나라는 무엇과도 비교할 수 없는 절대적 가치임을 배운다.

본문 살피기
▶ 하나님 나라는 좋은 진주를 구하는 어떤 사람과 같습니까?(45절)
▶ 무엇을 발견했을 때 자기 소유를 다 팔게 됩니까?(46절)
▶ 자기 소유를 다 팔아 결국 무엇을 사게 됩니까?(46절)

소그룹예배 인도 순서

사도신경 다 같이
찬　　송 492장 (통 544)
기　　도 회원 중
본문 말씀 마 13:45~46
새길 말씀 마 13:46
헌금 찬송 478장 (통 78)
헌금 기도 회원 중
주기도문 다 같이

말씀 나누기

감추인 보화의 비유와 본문의 값진 진주 하나의 비유는 쌍둥이 비유라 불릴 만큼 유사점이 많습니다. 둘 다 세상에서 지극히 귀한 것, 지극히 소중한 것을 발견하여 자기의 모든 것을 다 팔아서 그것을 샀다는 내용입니다. 그러나 값진 진주 하나의 비유는 우연히 발견한 것이 아니라 진주 장사가 진주를 구하려고 이곳저곳을 다니다가 발견하게 됩니다.

값진 진주 하나의 비유는 부의 가치보다 더 높은 가치, 즉 돈으로 계산할 수 없는 완벽하고 지고한 예술적 가치를 가리키고 있습니다. 감추인 보화 비유어서는 보화가 복수 개념이지만 값진 진주 비유에서는 오직 하나의 진주입니다. 완전하고, 지상에서 가장 값진 진주 하나라는 것이 다른 점입니다. 이 세상에서 하나밖에 없는 가장 값진 진주를 소유했다는 비유를 통해 무엇을 배울 수 있을까요?

1. 진주를 소유한 사람은 무엇과도 비교할 수 없는 기쁨과 만족감을 갖게 됩니다

미술 수집가가 엄청난 대가를 지불하고 피카소나 렘브란트의 그림을 소유했다고 하면, 그 사람의 만족감과 자부심은 대단하게 됩니다. 세상에서 가장 아름다운 진주를 가진 사람에게는 이런 만족감과 행복감이 있습니다. 값진 진주를 발견한 사람은 상상할 수 없는 환희, 자기 생애의 큰 목적을 이룬 감격을 가졌습니다. 이것이 바로 하나님 나라를 발견한 사람이 가지는 설명할 수 없는 엄청난 자부심과 기쁨입니다. 하나님 나라를 발견하는 순간에 모든 것을 버려도 좋을 만큼 그 마음 안에 기쁨이 솟아납니다.

또한 하나밖에 없는 진주를 소유했다는 것은 왕이나 왕비의 신분을 의미합니다. 값진 진주는 왕이나 왕비의 왕관 한가운데 박힐 수 있습니다. 그런 의미에서 이 값진 진주는 그 사람의 신분과 위치를 나타내는 표시가 됩니다. 진주를 발견한 사람처럼 예수 그리스도를 발견한 사람, 하나님 나라를 발견한 사람은 자기 소속감과 신분을 분명히 할 수 있습니다. 하나님 나라의 보화를 마음에 품고 사는 사람은 이렇게 행복할 수 있습니다.

"주 안에서 항상 기뻐하라 내가 다시 말하노니 기뻐하라"(빌 4:4)

2. 하나님 나라는 값진 하나의 진주처럼 그 자체가 완전한 곳입니다

앞의 씨 뿌리는 비유를 통하여 하나님 나라는 씨가 뿌려져서 성장하고 성숙하는 것이라고 했습니다. 가라지 비유에서는 사탄의 세력과 공존함을 배웠습니다. 겨자씨 비유에서는 하나님 나라는 지극히 작은 것에서 상상할 수 없이 확장됩니다. 뿐만 아니라 누룩의 비유에서 우리 자신만 변화되는 것이 아니라 우리가 살고 있는 주위 환경을 변화시키는 것을 배웠습니다. 그러나 값진 진주 비유에서 하나님 나라는 우리 입장에서 볼 때 성장하고 발전하는 것이지만, 하나님 입장에서는 이미 완성된 것이라는 사실을 배우게 됩니다. 즉 하나님 나라는 더 이상 발전될 것이 없는 완전한 나라입니다.

우리 안에 이루어진 하나님 나라는 이미 이루어진 그곳까지 자라가게 됩니다. 그리스도와 함께 성숙하며 확장되어 기적을 일으킵니다. 이 육신이 끝날 때, 우리가 세상을 떠날 때 우리는 완전한 주님의 나라에 거하게 됩니다. 하나님께서 친히 준비하신 완벽한 나라, 사람의 말로 표현할 수 없는 너무나 좋은 나라입니다. 하나님 나라는 완벽한 나라입니다.

"또 내가 보매 거룩한 성 새 예루살렘이 하나님께로부터 하늘에서 내려오니 그 준비한 것이 신부가 남편을 위하여 단장한 것 같더라"(계 21:2)

3. 하나님 나라는 무엇과도 바꿀 수 없는 절대적 가치를 가지고 있습니다

진주 장사는 가장 값비싼 진주 하나를 발견했을 때 모든 재물을 팔아 버렸습니다. 예수 그리스도를 믿는다는 것은 이와 같습니다. 세상에는 사람들이 추구하는 많은 진주들 성공, 부자, 권력 등등 많이 있습니다. 그러나 가장 아름답고 완벽한 최고의 가치를 지닌 진주는 하나뿐입니다. 주님은 "극히 값진 진주 하나"(46절)라고 표현하셨습니다. 지상에서 최고의 가치를 지니신 분, 모든 생명의 근본이 되시는 분이 극히 값진 하나의 진주와 같은 분입니다.

따라서 지금까지 어떤 수고와 대가를 치루며 살아 왔든지 간에 천국이 발견되었다면, 예수 그리스도가 발견되었다면 어떤 고생도, 어떤 대가도 다 보상하고 남습니다. 그리스도를 구주로 영접하고 진정으로 구원을 얻었다면, 그것을 위해 치른 대가와 희생은 아무 것도 아닙니다. 진정으로 그리스도를 만났다면 세상의 모든 상대적인 가치들, 즉 물질이나 철학, 이념들을 아낌없이 버리게 됩니다. 귀중하게 생각하는 모든 상대적 가치를 포기하는 복을 누리게 됩니다.

"또한 모든 것을 해로 여김은 내 주 그리스도 예수를 아는 지식이 가장 고상하기 때문이라 내가 그를 위하여 모든 것을 버리고 배설물로 여김은 그리스도를 얻고"(빌 3:8)

말씀 실천하기
* 마음에 하나님 나라의 기쁨과 감격을 가지고 있습니까?
* 하나님 나라를 소유하기 위해 세상의 가치들을 포기하고 있습니까?

합심 기도하기
* 세상의 환경이 빼앗을 수 없는 하나님 나라의 기쁨을 가질 수 있도록 도와주소서.
* 나를 포기하고 예수님만 마음에 담고 살도록 도와주소서.

19 그물에 걸린 고기, 심판과 하나님 나라 백성

본문 말씀 **마 13:47~50**

이룰 목표
▶ 역사의 주인이신 주님께 붙들린 것은 축복임을 배운다.
▶ 세상의 주인이신 하나님께서 반드시 심판하실 때가 있음을 배운다.

본문 살피기
▶ 하나님 나라는 바다에 치고 각종 물고기를 모으는 무엇과 같습니까?(47절)
▶ 그물을 끌어내고 앉아서 좋은 것은 그릇에 담고 못된 것은 어떻게 합니까?(48절)
▶ 세상 끝에 누가 와서 의인과 악인을 갈라놓습니까?(49절)

소그룹예배 인도 순서

사도신경	다 같이
찬 송	249장 (통 249)
기 도	회원 중
본문 말씀	마 13:47~50
새길 말씀	마 13:49~50
헌금 찬송	314장 (통 511)
헌금 기도	회원 중
주기도문	다 같이

말씀 나누기

예수님의 비유 내용을 분석해 보면, 비유 전체가 조직적이고 완벽한 하나님 나라에 대한 그림을 그리고 있습니다. 예수님은 우리가 이해할 수 없고 경험할 수 없는 하나님 나라, 설명하기 가장 어려운 하나님 나라를 일상생활의 경험을 통해 가르쳐 주셨습니다. 하나님 나라는 멀리 있는 환상의 세계, 저 세상 이야기가 아니라, 바로 내가 농사짓고 장사하고 고기 잡는 현실적이고 구체적인 삶 속에서부터 시작됩니다. 가장 어리석은 사람은 현실을 떠난, 현실을 버린 신앙생활을 하는 사람들입니다. 신앙은 현실과 실제에 뿌리를 둔 것이며, 하나님 나라는 거기에서부터 시작됩니다. 예수님은 왜 하나님 나라를 고기 잡는 그물에 비유하셨을까요? 그물로 고기 잡는 방법을 통해 무엇을 배울 수 있는지 살펴보겠습니다.

1. 바다에 친 그물은 하나님 나라 그물입니다

어부가 그물을 쳐서 물고기를 끌어 올린다는 것은 하나님 나라는 모든 사람에게 개방적이고 구별이 없다는 것입니다. 여기서 우리는 하나님의 적극적인 의지를 발견할 수 있습니다. 하나님은 자기 백성을 그물을 쳐서라도 모두 품에 돌아오도록 인도하십니다. 이렇게 하나님의 그물에 걸린 사람들이 하나님 나라를 소유할 수 있습니다.

하나님께서는 우리를 사랑하는 데 적극적인 의지가 있으십니다. 방관적이거나 수동적으로 사랑하시는 것이 아닙니다. 하나님은 독생자 예수 그리스도를 십자가에 못 박혀 죽게 하시기까지 우리를 사랑하셨습니다. 특별한 사람만 사랑하신 것이 아니라 온 인류, 모두를 사랑하셨습니다. 하나님의 그물에 걸린 사람은 시간의 차이가 있을 뿐이지 하나님의 가슴에 안기게 되어있습니다. 이것이 '하나님 나라는 그물을 던지는 것과 같다.'는 말씀의 뜻입니다.

"하나님이 세상을 이처럼 사랑하사 독생자를 주셨으니 이는 그를 믿는 자마다 멸망하지 않고 영생을 얻게 하려 하심이라"(요 3:16)

2. 하나님이 준비하신 역사의 그물은 점점 다가옵니다

일단 그물에 걸려든 고기는 어부의 손에 잡히게 됩니다. 고기가 그물에 걸리면 어부는 그 그물을 점점 죄어 옵니다. 이것은 무엇을 뜻합니까? 역사는 영원한 것이 아니며 돌고 도는 윤회적인 것도 아닙니다. 기독교의 역사관을 직관적입니다. 시작이 있으면 끝이 있습니다. 역사란 역사의 주인이신 하나님에 의해 통치되고 있음을 의미합니다.

그물을 바다에서 끌어올리면 속에 있던 물고기들의 모습이 드러납니다. 큰 고기, 작은 고기, 쓸 만한 고기, 못 쓸 고기들이 다 드러나면서 물고기들이 마구 엎치락뒤치락하는 것을 발견하게 됩니다. 하나님의 역사의 손에 움켜 쥘 때, 역사의 종말이 가까워질 때, 더욱더 많은 고통과 함께 선과 악이 분명히 드러나게 됩니다. 선인과 악인이 구별되기 시작하는 시간이 됩니다. 이것이 역사를 주관하시는 하나님의 방법입니다.

"한 번 죽는 것이 사람에게 정해진 것이요 그 후에는 심판이 있으리니" (히 9:27)

3. 하나님의 심판대에는 중간지대가 없습니다

역사의 마지막 때가 있고, 그때에 내가 하나님의 심판대 앞에 선다는 사실을 본문 말씀이 가르쳐주고 있습니다. 심판대에 서면 어떤 일이 일어나겠습니까? 양인지 염소인지, 알곡인지 가라지인지, 악한 종인지 착한 종인지, 지혜로운 처녀인지 미련한 처녀인지, 좋은 물고기인지 못 쓸 물고기인지 판가름이 납니다.

하나님의 심판대에는 중간 지대가 없습니다. 거기에는 유보도 없습니다. 단 한 번뿐입니다. 하나님의 편이든지 마귀의 편이든지 둘 중에 하나입니다. 거기에는 돌이킬 시간도 회개할 시간도 없습니다. 악인은 풀무불에 던져져 울며 이를 갈게 됩니다. 어부가 잡은 물고기라 할지라도 못 쓸 물고기는 버려진다는 것입니다. 오늘 하나님의 심판대 앞에 선다면 과연 하나님의 품에 안기리라는 확신이 있습니까? 지금은 자다가

깰 때요, 은혜를 받을 때요, 구원의 날입니다. 시간이 있다고 낭비하지 말아야 합니다. 젊음이 있다고 낭비하지 말아야 합니다. 오늘 바로 결정하고 결단해야 합니다.

"너희는 여호와를 만날 만한 때에 찾으라 가까이 계실 때에 그를 부르라"(사 55:6)

말씀 실천하기
* 역사의 주관자이신 하나님을 의식하며 살고 있습니까?
* 심판이 있음을 알고 성결한 삶을 살고 있습니까?

합심 기도하기
* 마지막 때에 더욱 거룩하게 살아갈 수 있도록 도와주소서.
* 구원의 기회가 지나기 전에 더 전도할 수 있도록 도와주소서.

20 하나님 나라의 서기관, 하나님 나라의 집주인

이룰 목표
▸ 하나님 나라는 구체적으로 우리의 삶에서 시작됨을 배운다.
▸ 하나님 나라에는 끝없는 보화가 있음을 배운다.

본문 살피기
▸ 예수님께서 모든 것을 깨달았느냐? 하실 때 무엇이라 대답했습니까?(51절)
▸ 하나님 나라의 제자 되어 곳간에서 옛것과 새것을 내오는 사람은 누구입니까?(52절)
▸ 하나님 나라의 제자 된 서기관은 옛것과 새것을 곳간에서 내오는 누구와 같습니까?(52절)

소그룹예배 인도 순서

사도신경 다 같이

찬 송 242장 (통 233)

기 도 회원 중

본문 말씀 마 13:51~52

새길 말씀 마 13:52

헌금 찬송 88장 (통 88)

헌금 기도 회원 중

주기도문 다 같이

말씀 나누기

예수님은 하나님 나라에 대한 일곱 가지 비유를 마치신 후 "이 모든 것을 다 깨달았느냐?"라고 질문하십니다. 예수님은 여러 말씀을 많이 하셨지만 이렇게 확인하는 질문을 하시는 경우는 흔치 않습니다. 왜 이런 질문을 하셨을까요? 그것은 무엇보다도 하나님 나라라는 주제가 중요했기 때문입니다.

서기관은 에스라 시대 때부터 내려온 사회 종교 계급입니다. 하나님의 율법을 읽고 옮겨 쓰고 해설하는 사람으로, 오늘날로 말하면 말씀의 해석자이며 선포자와 같습니다. 서기관 직책을 바로 깨닫고 실천하는 사람은 하나님 나라의 제자 된 서기관과 같습니다. 이 사람만이 하나님 나라의 보화를 꺼내 올 수 있습니다. 그렇다면 이 비유를 통해 우리는 무엇을 배울 수 있을까요?

1. 하나님 나라는 하나님의 무한한 창고와 같습니다

농촌에서는 농사를 지으면 그 농산물을 저장하는 곳간이 있습니다. 그 해에 농산물을 다 팔거나 먹을 수 없기 때문에 곳간에 농산물을 저장합니다. 농가의 창고에는 농산물만 있는 것이 아닙니다. 거기에는 각종 농기구 등 생활에 필요한 모든 것들이 들어 있습니다. 도자기도 보관해 두고, 그림도 보관해 둡니다. 이것이 창고의 역할입니다. 시골 농가에 가면 그 사람이 얼마나 부자인가 하는 것은 창고가 얼마나 큰가에 따라 결정됩니다.

하나님 나라는 일종의 커다란 창고입니다. 하나님의 무한한, 상상할 수 없는 모든 것으로 가득 차 있는 창고입니다. 오늘 먹으면 다 떨어질 쌀독이 아니라 퍼내도 퍼내도 끝이 없는 쌀독을 상상해 보십시오. 오늘 떡을 구우면 없어질 마지막 기름이 아니라 부어도 부어도 샘물처럼 솟아나는 엄청난 기름이 있는 기름독을 생각해 보십시오. 그리스도인이란, 또 하나님 나라의 제자 된 서기관이란 주인이 창고에서 옛것과 새것을 꺼내는 것처럼, 엄청난 하늘의 보화들을 실생활에서 꺼내어 쓰는 사람들입니다. 이것이 본문 말씀이 설명하는 내용입니다.

"여호와는 나의 목자시니 내게 부족함이 없으리로다"(시 23:1)

2. 하나님 나라는 엄청난 말씀의 보화가 있는 곳입니다

서기관이 창고에서 새것과 옛것을 마음대로 꺼내 쓴다고 했는데, 이 새것과 옛것은 무엇을 의미할까요? 서기관은 율법과 선지자의 모든 글과 교훈에 관한 것을 기록하고 해석하고 지키며 선포하는 사람입니다. 그들은 하나님의 말씀을 전심전력으로 연구합니다. 이것이 바로 옛것에 해당되는 것으로 구약의 하나님 말씀입니다.

새것은 무엇입니까? 놀라운 것은 구약에는 하나님 나라에 대한 직접적인 단어가 별로 없습니다. 영생이라는 말을 쓰지 않고 있습니다. 구약에 하나님 나라가 없어서 사용을 하지 않은 것이 아닙니다. 율법이 복음으로 말미암아 새로워진 것처럼, 새로운 율법의 해석과 적용이 이루어졌습니다. 이것이 바로 새것입니다. 그래서 옛것과 새것이 하나님 나라의 제자 된 서기관을 통하여 곳간에서 나오게 된다는 말씀입니다.

이 마지막 비유에서 깨닫는 것은 하나님 나라는 엄청난 말씀의 보화가 있습니다. 하나님의 은혜의 창고에는 끝없이 풍성한 말씀이 있습니다. 이것은 마치 집주인이 필요에 따라 꺼내오듯이, 무한하고 풍성한 하나님의 생명의 말씀을 구약과 신약에서 퍼오는 것을 의미합니다. 거기에 영생이 있고, 구원이 있고, 기쁨이 있고, 만족이 있고, 기적이 있습니다.

"이는 그리스도 예수 안에 있는 생명의 성령의 법이 죄와 사망의 법에서 너를 해방하였음이라"(롬 8:2)

3. 하나님 나라는 구체적으로 우리의 삶에서 시작됩니다

하나님 나라는 죽어서 가는 것에서 시작되는 곳이 아닙니다. 하나님 나라는 예수 그리스도를 영접하는 순간부터 시작됩니다. 우리 마음에 하나님의 말씀이 주어지는 순간 하나님 나라의 씨는 뿌려졌습니다. 하나님 나라는 내 마음에서, 내 삶의 현장에서, 우리 가정에서, 우리 교회에서, 우리 사회에서 시작되어야 합니다. 하나님 나라의 제자 된 서기관은 말씀을 연구할 뿐만 아니라 실천하는 사람입니다. 듣기만 하고 자신을 속이는 자가 되지 말아야 합니다. 말씀을 깨달은 사람들이 이 세상을 하나님 나라로 만들 책임이 있습니다.

그러므로 가난한 자를 돌보고 고통 받는 자의 친구가 되어주고 썩어가는 사회의 모든 부분에 들어가서 그곳을 깨끗하게 해야 할 책임이 있습니다. 하나님 나라는 우리 가정에서, 부부 사이에서, 자녀와의 관계에서, 내가 속해 있는 직장에서부터 시작됩니다. 구체적으로 삶에서 실천되는 하나님 나라를 마음속에 지켜야 합니다. 여기에서부터 하나님 나라는 시작됩니다.

"영혼 없는 몸이 죽은 것 같이 행함이 없는 믿음은 죽은 것이니라"(약 2:26)

말씀 실천하기
＊ 역사의 주관자이신 하나님을 의식하며 살고 있습니까?
＊ 심판이 있음을 알고 성결한 삶을 살고 있습니까?

합심 기도하기
＊ 말세에 더욱 거룩하게 살아갈 수 있도록 도와주소서.
＊ 마지막 때에 구원의 기회가 지나기 전에 더 전도할 수 있도록 도와주소서.

21 하나님 나라에 합당한 제자

본문 말씀 눅 9:57~62

이룰 목표 ▶ 하나님 나라에 합당한 제자의 자격을 안다.
　　　　　 ▶ 제자의 존재 이유를 알고 사명 감당을 위해 최선을 다한다.

본문 살피기 ▶ 예수님을 따르겠다는 사람에게 어떤 말씀을 하셨습니까?(58절)
　　　　　　 ▶ 주를 따르기 전 먼저 아버지를 장사하게 허락해 달라는 사람에게
　　　　　　　 예수님은 어떤 말씀을 하셨습니까?(60절)
　　　　　　 ▶ 어떤 자가 하나님 나라에 합당하지 않다고 말씀하셨습니까?(62절)

소그룹예배 인도 순서

사도신경 다 같이

찬　　송 336장 (통 383)

기　　도 회원 중

본문 말씀 눅 9:57~62

새길 말씀 눅 9:62

헌금 찬송 341장 (통 367)

헌금 기도 회원 중

주기도문 다 같이

말씀 나누기

　예수님이 승천하실 날(51절)이 가까워짐을 아시고 예루살렘을 향해 올라가시는 도중에 생긴 일입니다. 예수님이 제자들과 함께 예루살렘으로 올라가시는 중에 한 사마리아 마을에 들렀습니다. 마침 해가 저물었기 때문에 하루 저녁 유숙할 곳을 찾았지만 예루살렘으로 가신다는 이유로 인해 아무도 받아들이지 않고 예수님을 배척했습니다. 그래서 예수님은 제자들을 데리고 다른 마을로 가시다가 세 사람을 만나게 됩니다. 이때 주님을 따르는 제자들의 각오와 자세에 대해 말씀하셨습니다. 예수님과 세 사람의 오고

간 대화의 내용을 살펴보면서 하나님 나라에 합당한 제자의 자격이 무엇인지 살펴보겠습니다.

1. 십자가의 길을 선택해야 합니다

유숙할 곳을 찾아 길 가시는 예수님을 붙잡고 "어디로 가시든지 나는 따르리이다"라고 자신의 결의를 보인 사람이 나옵니다. 마태복음 8장 19절에는 이 사람을 서기관이라고 말하고 있습니다. 서기관은 당시 유대 사회에서 상당한 대우를 받는 사람이었는데, 예수님을 향하여 "선생님!"이라고 부르면서 존경하며 따르겠다고 했습니다. 그러나 예수님은 "여우도 굴이 있고 공중의 새도 집이 있으되 인자는 머리 둘 곳이 없도다"(58절)고 하시며 뜻밖의 대답을 하셨습니다. 예수님의 그 한마디 말씀에는 '네가 나를 따르기 전에 너 자신이 어떤 희생을 지불해야 하겠는가를 생각해 보라.'는 의미가 담겨 있었습니다. 예수를 따르겠다고 나선 서기관은 군중 속에서 열광적인 환영을 받는 예수님은 보았으나, 예수님의 말할 수 없는 고독과 십자가는 보지 못했습니다. 예수님은 십자가에서 돌아가실 정도로 복음을 위한 고난의 삶을 살았습니다.

하나님 나라의 제자는 세상과 구별되기 때문에 의를 위하여 박해를 받기도 하며, 자신의 이익과 편안함을 기꺼이 포기해야 합니다. 그러므로 오직 하나님만 의지하며 십자가의 길을 가야 합니다.

"예수께서 이르시되 내가 진실로 너희에게 이르노니 나와 복음을 위하여 집이나 형제나 자매나 어머니나 아버지나 자식이나 전토를 버린 자는 현세에 있어 집과 형제와 자매와 어머니와 자식과 전토를 백배나 받되 박해를 겸하여 받고 내세에 영생을 받지 못할 자가 없느니라"(막 10:29~30)

2. 부르심에 우선순위가 명확해야 합니다

예수님은 두 번째 만난 사람에게 "나를 따르라"라고 말씀하셨습니다. 그러자 그 사람은 "나로 먼저 가서 내 아버지를 장사하게 허락하옵소서"(59절)라고 대답합니다. 예수님을 따르고 싶지만 아버지께서 돌아가셨으니 먼저 장례를 치르겠다는 이 사람의 대답은 합리적입니다. 그러나 이 사람은 입으로만 따른다고 말했을 뿐이지 실제로는 그럴 마음이 없었습니다. 이 사람의 마음을 보신 예수님은 "죽은 자들로 자기의 죽은 자들을 장사하게 하고 너는 가서 하나님의 나라를 전파하라"(60)고 말씀하셨습니다. 이 말씀은 결코 부모님을 공경하는 일에 등한시 하라는 말씀이 아닙니다. 그만큼 하나님의 나라를 전파하는 것이 매우 중대함을 말하고 있는 것입니다. 이 말씀은 당시 사회 구성원들에게는 아주 충격적인 말씀이었습니다. 세상 사람들은 부모 장례를 치르는 일보다 다 중요한 일이 없다고 생각하고 있었습니다. 그러한 그들을 향해 예수님은 하나님 나라를 전파하는 것이 더 우선되어야 한다고 말씀하십니다. 이는 제자가 되려는 사람의 우선순위에 관한 말씀으로, 예수님은 하나님의 일을 우선 선택하는 자가 주님의 합당한 제자라고 말씀하십니다.

"그런즉 너희는 먼저 그의 나라와 그의 의를 구하라 그리하면 이 모든 것을 너희에게 더하시리라"(마 6:33)

3. 사명 완수를 위해 살아야 합니다

세 번째 사람은 주님을 따르는 제자가 되겠지만 먼저 가족하고 작별할 수 있게 허락해 달라고 합니다. 그는 하나님께서 그와 그의 가족의 생명과 모든 생활을 주관하고 계신다는 사실을 알지 못했습니다. 그때 예수님은 "손에 쟁기를 잡고 뒤를 돌아보는 자는 하나님의 나라에 합당하지 아니하니라"(62절)고 하십니다. 손에 쟁기를 잡았다는 것은 하나님께로부터 받은 사명을 의미합니다. 즉, 복음 전파를 위해 선택함을 받은 제자들은 하나님 나라 건설을 위해 세상에 관한 일보다 하나님 명령을 받들어 사명을 다하는 것이 중요하다는 말씀입니다. 그러므로 제자는 가족에 대한 인정도 중요하나 과도한 애착으로 복음을 전하는 일이 방해가 되어서는 안 됩니다.

주님은 뒤를 돌아보는 자는 하나님의 나라에 합당하지 않다고 하셨습니다. 그러므로 하나님 나라에 합당한 제자는 사명을 감당하는데 방해가 되는 것들을 과감히 내려놓고 모든 것은 하나님이 책임져 주실 것을 믿어야 합니다. 그리고 세상을 돌아보지 말고 하나님 나라를 위해 전진해야 할 것입니다.

"믿음의 주요 또 온전하게 하시는 이인 예수를 바라보자 그는 그 앞에 있는 기쁨을 위하여 십자가를 참으사 부끄러움을 개의치 아니하시더니 하나님 보좌 우편에 앉으셨느니라"(히 12:2절)

말씀 실천하기
* 어떠한 상황 속에서도 하나님을 변함없이 신뢰하고 사랑할 수 있는 믿음이 있습니까?
* 우리가 제자로 순종할 때 하나님께서 역경을 이겨낼 수 있는 믿음도 주실 것을 믿습니까?

합심 기도하기
* 직분을 감당할 때에 역경이 온다 할지라도 하나님이 함께 하심을 믿게 하소서.
* 세상의 유혹 앞에 굴복하지 않고 제자의 사명을 감당하는 길로만 가게 하소서.

22 하나님 나라와 제자의 삶

본문 말씀 **마 5:1~12**

이룰 목표
▶ 하나님 나라를 사는 제자들의 삶의 원리를 배운다.
▶ 하나님 나라의 제자들에게 필연적으로 따르는 것이 무엇인가를 배우고 실천한다.

본문 살피기
▶ 예수님이 무리(제자)를 보시고 어떻게 하셨습니까?(1~2절)
▶ 예수님이 가르치신 8가지 복된 삶은 무엇입니까?(3~10절)
▶ 예수님으로 인해 박해를 당할 때 어떻게 하라고 했습니까?(11~12절)

소그룹예배 인도 순서

사도신경	다 같이
찬 송	524장 (통 313)
기 도	회원 중
본문 말씀	마 5:1~12
새길 말씀	마 5:3~10
헌금 찬송	427장 (통 516)
헌금 기도	회원 중
주기도문	다 같이

말씀 나누기

산상수훈(마 5~7장)은 예수님이 가버나움 근처 산에서 가르치신 말씀들을 제자 마태가 정리한 것입니다. 예수님은 관습적인 신앙에 빠져 있던 당시 사람들에게 진정한 하나님 나라를 보여 주셨습니다. 그것은 율법주의자들처럼 형식적인 율례에 빠져 참된 하나님의 뜻을 따르지 못하는 것이 아니라, 이 땅에서 하나님의 백성답게 살아가면서 이루어가는 하나님 나라와 그들이 누릴 복에 대한 가르침이었습니다. 성도들은 예수님이 가르쳐주신 가르침을 따라 살 때 본문에 나타난 8가지 복을 누리게 됩니다.

예수 그리스도께서 왕으로 통치하시는 하나님 나라는 어떠한 나라인지, 또한 어떤 믿음과 삶의 자세로 세상을 살아야 하는지를 배울 수 있습니다. 예수 그리스도의 제자로서 우리가 어떻게 살아야 하는지 본문을 통해 살펴보겠습니다.

1. 하나님 나라에 순종하는 삶을 살아야 합니다

예수님은 하나님 나라의 복을 가르치면서 가난한 자, 애통하는 자, 온유한 자, 마음이 청결한 자, 의에 목마른 자 등에게 복이 있다고 말씀하십니다. 이것은 당시 참된 하나님 뜻보다는 권력과 재물을 따르던 자들의 삶과 대비되는 삶의 모습임을 알 수 있습니다. 하나님보다 자기 것을 앞세우는 사람은 하나님 나라를 볼 수 없습니다. "심령이 가난한 자는 복이 있나니 천국이 그들의 것임이요"(3절)라는 말씀은 이를 잘 보여줍니다. 여기서 '가난한 자'란 영적인 가난을 자각한 사람(눅 18:13), 신앙적으로 겸손한 자를 말합니다. 결국 하나님 앞에 자신이 죽을 수밖에 없는 죄인임을 자각하며 겸손히 예수 그리스도를 진정한 왕으로 모시는 자에게 하나님 나라가 임한다는 뜻입니다.

따라서 하나님의 사람들은 매일의 삶 속에서 자신의 눈이 아니라, 하나님의 눈으로 바라보고 하나님 나라에 순종해야 합니다. 참으로 하나님 앞에서 자기를 보는 성도는 영적으로 가난하고 애통할 수밖에 없으며 그분의 의를 따라 살 수밖에 없습니다. 그러므로 본문에 소개된 8가지의 복은 예수 그리스도께서 왕으로 다스리시는 하나님 나라에 속한 자들만이 누릴 수 있는 복입니다(요 15:7). 우리 안에 하나님 나라를 이루는 것, 바로 이것이 성도(제자)가 누리는 복입니다(눅 17:21).

"또 여기 있다 저기 있다고도 못하리니 하나님의 나라는 너희 안에 있

느니라"(눅 17:21)

2. 하나님 나라의 복을 사모하는 삶을 살아야 합니다

성도들은 물질적인 복에 집착하지 말고 영원하고 참된 하나님 나라의 복을 사모해야 합니다. 예수님은 8가지 복에 대해 교훈하시면서 당시 하나님을 가장 잘 섬긴다고 자부하던 유대 지도자나 권력자들은 하나님께로 복을 받은 자들이 아님을 교훈하셨습니다. 도리어 하나님 말씀보다 재물과 권력, 자기 자신을 사랑했던 그들을 질책하셨습니다(눅 6:24~26). 그들은 세상에 사로잡혀 하나님 나라를 이루기보다 하나님 나라의 걸림돌이 되었기 때문입니다.

하나님 나라 백성이 세상적인 것에 집착하게 되면 하나님 나라를 볼 수 없습니다. 그러므로 성도들은 하나님이 주시는 하나님 나라의 복을 사모하며 살아야 합니다. 또한 유대 율법주의자들이 가졌던 '항상 무엇을 해야만 복을 받을 것'이라는 율법주의적 종교성에 빠지지 말아야 합니다. 하나님 앞에서 '심령이 가난한 자, 애통하는 자, 온유한 자, 의에 주리고 목마른 자, 긍휼히 여기는 자, 마음이 청결한 자, 화평하게 하는 자, 의를 위하여 박해를 받는 자'에게 복이 임하는 것입니다. 존재(being)의 문제이지 일(doing)은 다음입니다. 이런 삶을 사모하는 성도들에게 복은 자연히 따라 옵니다.

"그가 사모하는 영혼에게 만족을 주시며 주린 영혼에게 좋은 것으로 채워주심이로다"(시 107:9)

3. 하나님 나라를 위해 받는 고난을 복으로 받아드립니다

하나님의 가르침에 순종하고 하나님의 통치를 인정하며 하나님 나라의 복을 사모하는 자에게 필연적으로 따르는 것은 '세상에서의 고난' 입니다. 인간적인 방법이 우선되는 세상에서 하나님 나라를 이루어가는 과정에 그들과의 부딪힘과 비난은 당연한 일입니다.

따라서 성도(제자)들은 하나님 나라를 위해 받는 고난을 복으로 받아드려야 합니다. 본문 11~12절 말씀에 대해 "기뻐하고 즐거워하라"고 명령합니다(빌 4:4). 고난에 대한 인식을 새롭게 하라는 뜻이기도 합니다. 사도 바울은 교회를 위한 염려와 고난, 핍박으로 죽음의 사선을 넘을 때가 한 두 번이 아니었습니다(고후 11:23~28). 그때마다 인내하고 참는 것을 넘어 오히려 기뻐했습니다. 이것은 그리스도의 남은 고난에 참여하는 것이 영광임을 깨달았기 때문입니다(골 1:24). 고난의 강도가 크다는 것은 그만큼 하나님 나라가 확장되어 간다는 뜻입니다. 자기의 유익을 위한 고난이 아니라 하나님 나라를 위해 받는 고난은 그 자체가 복입니다.

"나는 이제 너희를 위하여 받는 괴로움을 기뻐하고 그리스도의 남은 고난을 그의 몸 된 교회를 위하여 내 육체에 채우노라"(골 1:24)

말씀 실천하기
* 하나님 나라를 이 땅에서 경험하기 위해 어떤 결단을 하겠습니까?
* 한 주간 동안 팔복의 삶을 위해 무엇부터 실천하겠습니까?

합심 기도하기
* 하나님의 통치(말씀 순종)아래 거하게 하소서.
* 제자로서 살 때 따라오는 고난을 기뻐하고 감사하게 하소서.

23 하나님 나라와 제자의 사명

본문 말씀 **마 5:13~16**

이룰 목표 ▶ 예수님을 따르는 자(제자)의 사명이 무엇인지 배운다.

▶ 무엇이 하나님 나라의 영광이 되는지를 배우고 실천한다.

본문 살피기 ▶ 소금과 빛의 사명은 무엇입니까?(13, 15절)

▶ 그 사명을 감당해야 될 곳(field)은 어디입니까?(13~14절)

▶ 어떻게 사명을 감당할 때 아버지께 영광이 됩니까?(16절)

소그룹예배 인도 순서

사도신경	다 같이
찬 송	273장 (통 331)
기 도	회원 중
본문 말씀	마 5:13~16
새길 말씀	마 5:16
헌금 찬송	341장 (통 367)
헌금 기도	회원 중
주기도문	다 같이

말씀 나누기

주를 따르는 성도(제자)들은 세상의 소금과 빛이라고 말씀합니다. 이것은 성도로서의 정체성 선언입니다. 성도가 세상을 향해 소금과 빛의 역할을 감당하기 위해서는 먼저 소금과 빛이라는 '성도 정체성'을 잊지 말아야 하며, 나아가 소금과 빛으로 살아가야 합니다. 그래야 하나님이 창조하신 피조세계와 사람들에게 가려진 어두움을 걷어내고 정화할 수 있으며, 하나님 나라를 이 땅에서 실현할 수 있습니다. 이를 위한 성도들의 사명에 대해 살펴보겠습니다.

1. 하나님 나라를 위해 무엇을 해야 하는지 알아야 합니다

성도들이 세상에 살면서 감당해야 할 사명 중의 하나가 소금과 빛이 되는 것입니다. 소금은 두 가지의 기능을 가지고 있습니다. 하나는 맛을 내는 기능입니다. 그러나 이것은 자신을 녹임으로써만 가능합니다. 이것은 세상을 아름답게 만들기 위해서는 결국 성도들이 자기희생의 삶을 살아야 함을 의미합니다. 소금의 또 하나의 기능은 부패를 방지하는 기능입니다. 즉, 죄로 오염된 이 세상을 성도들이 복음의 능력과 성결한 삶을 통해 정화해 나가야 함을 가리킵니다.

빛은 어두움을 밝히는 기능을 합니다. 암흑과 무지로 뒤덮여 있는 이 세상을 복음의 빛으로 밝혀야 하는 성도들의 사명을 가리킵니다. 따라서 소금이 죄의 확산을 방지하는 내면적인 면에서의 성도들의 사명을 가리킨다면, 빛은 세상에서 죄의 어두움을 몰아내야 하는 외적인 면에서의 성도들의 사명을 가리킵니다.

"내가 진실로 진실로 너희에게 이르노니 한 알의 밀이 땅에 떨어져 죽지 아니하면 한 알 그대로 있고 죽으면 많은 열매를 맺느니라"(요 12:24)

2. 세상 그리고 이웃과 더불어 나누기 위해 힘써야 합니다

본문 16절 중에 "너희 빛이 사람 앞에 비춰게 하여"라는 말씀은 "그들로 너희 착한 행실을 보고"라는 말씀이 설명해 주는 것을 알 수 있습니다. 즉, 성도의 '착한 행실'이 곧 '빛'임을 가리키는 말씀입니다. 따라서 이 말씀은 일차적으로 성도들의 사명이 빛 된 행실로 어두운 세상을 밝히는 것임을 가르쳐 줍니다(14~15절). 또한 '성도에게는 참 빛이신 예수 그리스도와 그의 복음이 있음을 알게 하여 궁극적으로 어두움 가운데 있는 자들로 하여금 빛 가운데로 나오도록 하라'는 사명의 말씀입니다(16절).

성도의 삶을 통해 세상 사람들이 하나님을 알고 하나님 나라의 백성이 되도록 살아야 합니다. 빛을 잃은 성도는 도리어 빛이신 하나님의 영광을 가립니다. 그러므로 하나님 나라의 백성인 성도는 세상 사람들에게 착한 행실로 빛을 발하는 삶을 살기 위해 힘써야 합니다.

"이에 예수께서 제자들에게 이르시되 누구든지 나를 따라오려거든 자기를 부인하고 자기 십자가를 지고 나를 따를 것이니라"(마 16:24)

3. 거룩한 행실로 모본을 보여 하나님께 영광을 돌려야 합니다

성도들이 하나님께 영광을 돌리려면 매일의 삶 속에서 자신의 믿음을 구체화시켜 이웃과 세상에 대해 거룩한 행실로 모본을 보여야 합니다. 누구든지 자신의 신앙에 대하여 말하기는 쉽습니다. 그러나 하나님이 원하시는 삶을 실천하는 것은 자기 부인과 함께 한 알의 밀알을 싹틔우기 위해 썩는 과정을 거쳐야 하기에 어렵고 힘듭니다. 하지만 이것이야말로 성도가 자신의 살아있는 믿음을 입증할 수 있는 방법입니다(16절, 마 7:15~27; 약 2:14~26). 이것은 하나님의 나라가 성도의 도덕적 노력이나 행위에 따라 결정된다는 말이 아닙니다.

성도가 선을 행하는 것은 '질그릇 같은 존재 안에 믿음의 귀한 보물을 받게 된 것에 대한 감사'에 기인한 것이고, 성도는 '선을 깨닫고 행할 수 있는 능력 자체를 주시는 분이 하나님이심'을 알고 영광 돌리려는데 있습니다(고후 4:7~11). 따라서 성도는 선을 행함으로써 세상 사람들에게 '성도에게 보배와 같은 믿음과 능력을 주시는 하나님'을 드러나게 합니다. 이것이 하나님의 의도이며 성도들의 본질적인 사명입니다(고전 10:31).

"그런즉 너희가 먹든지 마시든지 무엇을 하든지 다 하나님의 영광을 위하여 하라"(고전 10:31)

말씀 실천하기
* 하나님 나라를 위해 어떤 계획을 세우겠습니까?
* 하나님의 영광을 드러나기 위해 한 주간 어떤 삶을 살겠습니까?

합심 기도하기
* 세상에서 소금과 빛의 사명을 잘 감당하도록 성령 충만케 하소서.
* 오직 하나님의 영광만 드러내도록 이름 없이 빛도 없이 감사하며 섬기게 하소서.

24 하나님 나라와 제자의 자세

본문 말씀 마 6:1~18

이룰 목표	▶ 신앙생활에서 성도(제자)들이 실천해야 하는 '3대 은밀함'에 대하여 배운다.
	▶ 신앙생활과 종교생활의 차이점이 무엇인가 배우고 실천한다.
본문 살피기	▶ 하나님 나라에 합당한 구제는 무엇입니까?(2~4절)
	▶ 예수님이 원하시고, 가르치신 기도는 무엇입니까?(5~15절)
	▶ 아버지께서 원하시는 금식은 무엇입니까?(16~18절)

소그룹예배 인도 순서

사도신경	다 같이
찬 송	449장 (통 377)
기 도	회원 중
본문 말씀	마 6:1~18
새길 말씀	마 6:1
헌금 찬송	539장 (통 483)
헌금 기도	회원 중
주기도문	다 같이

말씀 나누기

본문은 구제, 기도, 금식에 대하여 하나님 나라 제자들이 갖추어야 할 자세에 대한 가르침이 기록되어 있습니다. '사람에게 보이려고 그들 앞에서 너희 의를 행하지 않도록 주의하라'(1절)고 말씀하고 계시는데 이것은 하나님 나라와 의를 구하는 모든 자들이 늘 가슴에 품고 새겨야 할 영적 자세입니다.

특히 반복적으로 등장하는 "사람에게 보이려고"(1, 2, 5, 16절)라는 말씀은 성도들이 범하기 쉬운 종교적 위선에 대한 경고의 메시지입니다. 예수님 당시 종교 지도자들이 빠져 있던 극단적 외식주의를 지적하면서 그들의 전철을 밟지 않도록 제자들에게 가르치신 것입니다(딤후 3:5). 성도(제자)들이 신앙생활에서 주의해야 할 세 가지 가르침이 무엇인지 본문을 통해 살펴보겠습니다.

1. 구제에 대한 바른 자세를 가져야 합니다

구제는 다른 사람들에게 자신의 선행을 자랑하기 위한 수단이 아니라, 하나님의 구원과 사랑에 보답하기 위한 이웃 사랑의 실천입니다. 따라서 구제하는 자는 결코 스스로를 과시하지 말아야 하며(2절), 오직 하나님께 모든 영광이 돌려지도록 철저히 자신을 감추어야 합니다. 그래서 구제의 생명은 '은밀함' 즉, 자신은 감추어지고 하나님은 드러나는 데 있습니다(4절).

오늘날 교회와 성도들의 구제가 예수님의 가르치심과는 달리 편파적이거나 드러나도록 행해지는 것 같아 안타깝습니다(행 6:1~2). 오히려 누가 주었는지, 그리고 왜 주었는지를 알게 해야 구제를 통해 효과적으로 전도할 수 있다고 주장하는 의견도 많습니다. 그러나 목적 위주의 구제가 교회 세속화의 한 단면이 아닌가를 생각해야 합니다. 구제가 하나님 나라 확장의 걸림돌이 되지 않도록 주의해야 합니다.

"이제 내가 사람들에게 좋게 하랴 하나님께 좋게 하랴 사람들에게 기쁨을 구하랴 내가 지금까지 사람들의 기쁨을 구하였다면 그리스도의 종이 아니니라"(갈 1:10)

2. 기도에 대한 바른 자세를 가져야 합니다

기도는 자기 암시나 타인을 향한 웅변이 아닙니다(5절). 중언부언하거나(7절) 미사여구로 하나님이 아니라 회중을 감동시키려고 애쓰는 것은 더 이상 기도가 아닙니다. 기도란 하나님을 향한 진정성이며 그분의 은혜로우신 손길에 우리 자신의 삶을 의탁하는 간절함 그 자체입니다(6, 8절). '보이기 위한 기도'는 기도의 대상도 사람이고 드러나는 대상도 사람 자신입니다. 그러므로 은밀히 계신 아버지께 기도하는 골방기도가 회복되어야 합니다. 그때 은밀한 중에 보시는 아버지께서 응답하시는 것입니다(6절). 이것이 바른 기도의 기본적 자세입니다.

또한 본문 9~13절은 예수님이 가르쳐 주신 기도의 내용입니다. 모두 10가지로 구성되어 있는데 전반부 5가지는 하나님의 나라와 의를 구하는 기도(신앙)로, 후반부 5가지는 세상을 살아가는 성도들의 현실적 문제(삶)를 구하는 기도라고 할 수 있습니다. 이를 통해 바른 기도란 하나님의 나라와 의를 먼저 구해야 된다는 것과(마 6:33), 신앙(전반부)과 삶(후반부)의 균형 잡힌 기도를 가르치셨습니다. 나의 기도 수준이 곧 영적 수준입니다.

"그런즉 너희는 먼저 그의 나라와 그의 의를 구하라 그리하면 이 모든 것을 너희에게 더하시리라"(마 6:33)

3. 금식에 대한 바른 자세를 가져야 합니다

금식은 회개하거나 간구할 때 또는 하나님의 참된 뜻을 찾을 때, 오직 하나님께만 해답이 있음을 알고 자신의 생명과 문제를 하나님께 온전히 맡기는 신앙 행위입니다. 따라서 온전한 금식은 하나님 앞에서 자기를 부인하고 겸손히 그분의 뜻과 음성을 따르는 것에 초점을 둡니다. 올바른 금식은 횟수, 규례, 장소, 방법 등에 있는 것이 아니라, 오로지 그 시간에 하나님과의 영적 교제에 전심전력하여 하나님의 뜻을 찾으려는 자세입니다(17~18절). 그래서 은밀한 가운데 금식하라고 기록하고 있습니다. 여기에서 은밀함은 숨김의 의미보다 '절대자이신 하나님 앞에 선 성도의 간절한 자세'를 뜻합니다. 이런 의미에서 금식의 생명은 '은밀함'입니다.

이처럼 성도는 금식뿐만 아니라, 모든 경건의 삶이 위선에 빠지지 않도록 주의해야 합니다. 성도가 참된 경건의 삶을 살아갈 때 하나님을 기쁘게 하는 동시에 세상 사람들을 복음의 빛 앞으로 인도할 수 있습니다(딤후 3:5). 그러나 성도들이 세상과 사람을 의식하여 외식적인 보여주는 식의 종교생활이 된다면, 하나님의 영광을 가리게 되는 동시에 하나님 나라 확장의 기회를 상실할 수밖에 없습니다(마 23:13).

"경건의 모양은 있으나 경건의 능력은 부인하니 이같은 자들에게서 네가 돌아서라"(딤후 3:5)

말씀 실천하기
＊ 지속적인 구제와 기도, 그리고 금식을 위해 어떤 계획을 세우겠습니까?
＊ 한 주간 어떻게 예수님이 가르쳐 주신 기도를 실천하겠습니까?

합심 기도하기
＊ 드러냄과 은밀함의 갈등에서 자유케 하소서.
＊ 경건의 능력으로 하나님 나라를 확장시키는 영향력 있는 삶이 되게 하소서.

25 하나님 나라와 제자의 길

이룰 목표
▶ 무엇이 우리의 선택을 혼란케 하는지를 깨닫는다.
▶ 선택의 기로에서 무엇이 진정한 제자의 길인지 배우고 실천한다.

본문 살피기
▶ 생명으로 인도하는 문과 멸망으로 인도하는 문의 차이점은 무엇입니까?(13~14절)
▶ 좋은 나무와 나쁜 나무의 구별법은 무엇입니까?(15~20절)
▶ 반석 위에 지은 집과 모래 위에 지은 집으로 구분되는 근거는 무엇입니까?(21~27절)

소그룹예배 인도 순서

사도신경	다 같이
찬 송	524장 (통 313)
기 도	회원 중
본문 말씀	마 7:13~27
새길 말씀	마 7:21
헌금 찬송	435장 (통 492)
헌금 기도	회원 중
주기도문	다 같이

말씀 나누기

예수님은 좁은 문과 넓은 문의 비유 (13~14절), 나무와 열매의 비유(15~23절), 반석위에 집짓는 지혜로운 건축자의 비유 (24~27절)를 통해 하나님의 뜻대로 사는 사람만이 하나님 나라의 백성이 되어 하나님 나라에 갈 수 있음을 가르쳐 주십니다. 그리고 반석위에 집을 지은 지혜로운 사람 처럼, 예수님이 선포하신 하나님 나라의 뜻을 따라 살라고 가르쳐 줍니다.

어리석고 거짓된 사람들은 형식과 전통, 자기 의에 눈이 어두워져서 예수님이 보여주신 하나님과 그분의 뜻을 따르지 않습니다. 하나님의 이름은 부르고 하나님의 일꾼으로 자처하며 일했지만 그들은 하나님 나라에서 멀어질 수밖에 없습니다. 본문을 통해 성도(제자)들이 가야할 참된 길은 무엇인지를 살펴보겠습니다.

1. 좁은 문, 좁은 길로 가야 합니다

'넓은 문과 길'은 지금까지 전통적으로 살아오던 신앙 방식대로의 길이기 때문에 익숙하고 편리하여 찾는 사람들이 많습니다. 그러나 형식화되고 고정화된 신앙에는 진정한 하나님의 뜻을 담아내지 못하기에 하나님 나라와 관계없는 멸망 길이 됩니다. 반면, '좁은 문과 길'은 구세주로 오신 예수님이 선포하신 하나님 나라와 그분의 참된 뜻입니다. 익숙하지 않고 새로운 가르침이기에 찾는 사람이 적지만, 참된 하나님의 뜻을 따르기에 생명 길이 됩니다.

예수님은 '멸망 길이 아니라 생명으로 들어가는 좁은 문과 협착한 길'을 택하라고 가르쳐 주십니다. 이것은 결단을 촉구하는 말씀입니다. 성도가 좁은 길을 선택한다는 것은 끊임없이 하나님과 말씀 앞에 자신을 비춰보며 항상 그분의 참된 뜻을 따라 자신을 복종시키는 생활을 한다는 것과 같습니다. 이렇게 산다는 것은 참으로 어렵습니다. 그러나 '생명'과 '멸망'이라는 엄청난 차이의 결과를 맺으므로 성도들은 바울 사도와 같이 '자신을 날마다 쳐서 복종시키는 삶'을 살아야 하겠습니다(고전 15:31; 빌 2:8).

"사람의 모양으로 나타나사 자기를 낮추시고 죽기까지 복종하셨으니 곧 십자가에 죽으심이라"(빌 2:8)

2. 좋은 나무, 아름다운 열매를 맺어야 합니다

좋은 나무와 나쁜 나무의 판단 기준이 무엇입니까? 참된 제자와 거짓 선지자의 기준이 무엇입니까? 바로 '열매로 안다'고 했습니다(20절). 여기서 열매는 '하나님의 말씀을 따르느냐 아니면 자기의 뜻을 마치 하나님의 뜻인 것처럼 바꾸어 따르느냐'로 구별될 수 있습니다. 이것은 모든 시대에 걸쳐 거짓 선지자를 판단하는 기준이 됩니다.

당시 종교지도자이며 예언자라고 자칭하는 사람들은 형식적으로 하나님의 이름을 불렀지만 자기 의와 전통에 얽매여 하나님의 뜻을 따르지 못했습니다. 예수님은 그들을 거짓 선지자요 하나님 나라의 열매를 맺지 못하는 자로 가시나무와 엉겅퀴로 비유해서 말씀하셨습니다. 사실 인간들은 초자연적이고 신비적인 능력을 중요시 여기며 단순히 그것을 행하는 자를 하나님의 선지자로 착각하고 따를 때가 많습니다. 그렇기 때문에 인간의 이러한 속성을 아시는 예수님은 거짓 선지자의 판단 기준을 제시하시고 오직 하나님의 말씀에 대한 순종만이 좋은 열매임을 확실하게 교훈하신 것입니다(21~27절).

우리가 진정 아름다운 열매를 맺기를 원한다면 먼저 '좋은 나무'가 되어야 합니다. 그러기 위해서 물과 성령으로 거듭난 하나님의 자녀가 되어야 합니다(요 1:12, 3:3). 또한 예수님 안에 거하는 삶을 살아야 합니다(요 15:5). 이때 예수님으로 말미암아 진정한 아름다운 열매를 맺게 되는 것입니다(갈 5:22~23).

"나는 포도나무요 너희는 가지라 그가 내 안에, 내가 그 안에 거하면 사람이 열매를 많이 맺나니 나를 떠나서는 너희가 아무 것도 할 수 없음이라"(요 15:5)

3. 반석 위에 집을 짓는 지혜로운 건축자가 되어야 합니다

'모래 위에 집을 짓다.'라는 말은 팔레스타인 와디 지역에(평소에는 말랐다가 비가 오면 물이 흐르는 수로, 강) 집을 짓는 것을 말합니다.

그곳에 폭우가 몰아치면 집을 잃고 맙니다. 그러나 '지혜로운 사람'은 폭우(고난)에도 견디도록 반석 위에 집을 짓습니다. 예수님은 '말씀을 듣고 그대로 행하는 사람을 가리켜 반석 위에 집을 짓는 지혜로운 자'라고 하셨습니다(24절). 슬기로운 다섯 처녀와 같이 언제나 하나님 앞에서 나설 준비를 하며 하나님의 통치아래 순종하는 자가 지혜로운 자입니다(마 25:1~13).

사람은 누구나 '좁은 문과 넓은 문', '반석 위에 짓느냐 모래 위에 짓느냐?', '순종과 불순종'의 두 가지 중 하나를 선택해야 합니다. 선택은 자유지만 그 결과는 '생명과 멸망'으로 나누어집니다. 전자의 길이 바로 성도(제자)들이 가야 할 길입니다. 후자의 길을 선택한 자들에게 하나님은 '너희를 도무지 알지 못하니 불법을 행하는 자들아 내게서 떠나가라'(23절)고 말씀하실 것입니다. 심판의 날에는 오로지 예수님이 모본을 보이신 삶과 가르침을 따라 살았는지를 보십니다(마 25:31~46; 약 2:23~25).

"네가 보거니와 믿음이 그의 행함과 함께 일하고 행함으로 믿음이 온전하게 되었느니라. 영혼 없는 몸이 죽은 것 같이 행함이 없는 믿음은 죽은 것이니라"(약 2:22, 26)

말씀 실천하기
* 좁은 길, 좁은 문을 가기 위해 구체적으로 어떤 계획을 세우겠습니까?
* 하나님의 명령을 실천하기 위해 무엇부터 시작하겠습니까?

합심 기도하기
* 내 힘으로 가지 말게 하시고 주님과 동행하게 하소서.
* 넘어질 때마다 다시 일어날 수 있는 힘을 주시고, 동역자를 붙여주소서.

하나님 나라는 하나님의 백성들이 갖추어야 될 신앙의 기준과
삶의 모습을 제시하므로 이 땅에서 하나님 나라를 소망하는 신앙을
가지고 힘 있게 살아갈 수 있도록 이끌어 줄 것이다.

ελεγεν δε τινι ομοια εστιν η βασιλεια
ομοια εστιν κοκκω σιναπεως ον λαβων ανθρωπ
πετεινα του ουρανου κατεσκηνωσεν εν τοις κλαδο

και παλιν ειπεν
ομοια εστιν ζυμη ην λαβουσα γυνη ενεκρυψεν εις αλ

τινι ομοια εστιν η βασιλεια
ομοια εστιν κοκκω σιναπεως ον λαβων ανθρωπος εβαλεν

και παλιν ειπεν
ομοια εστιν ζυμη ην λαβουσα γυνη ενεκρυψεν εις α

하나님 나라 생명

PART **3**

θεου και τινι ομοιωσω αυτην
εαυτου και ηυξησεν και εγενετο εις δενδρον μεγα και τα
του

ομοιωσω την βασιλειαν
σατα τρια εως ου εζυμωθη ολον

θεου και τινι ομοιωσω αυτην
εαυτου και ηυξησεν και εγενετο εις δενδρον μεγα και τα
να του ουρανου κατεσκηνωσεν εν τοις κλαδοις αυτου

ι ομοιωσω την βασιλειαν
σατα τρια εως ου εζυμωθη ολον

26 하나님 나라와 참된 교회

본문 말씀 **마 16:13~20**

이룰 목표 ▶ 주님이 기뻐하시는 교회는 어떤 교회인가를 안다.
　　　　　　▶ 교회의 본래의 목적과 사명이 무엇인가를 배운다.

본문 살피기 ▶ 예수님의 질문에 대한 베드로의 신앙고백은 무엇입니까?(16절)
　　　　　　▶ 베드로의 신앙고백에 예수님은 어떻게 말씀하셨습니까?(17절)
　　　　　　▶ 베드로의 신앙고백 위에 세워진 교회는 무엇이 이기지 못한다고
　　　　　　　 말씀하셨습니까?(18절)

소그룹예배 인도 순서

사도신경 다 같이
찬　　송 288장 (통 204)
기　　도 회원 중
본문 말씀 마 16:13~20
새길 말씀 마 16:16
헌금 찬송 210장 (통 245)
헌금 기도 회원 중
주기도문 다 같이

말씀 나누기

　예수께서 가이사랴 빌립보 지방에서 제자들에게 '사람들이 나를 누구라고 하느냐'라고 물으셨을 때, 제자들은 '사람들이 예수님을 세례 요한, 엘리야, 예레미야나 선지자 중 한 사람으로 알고 있다'고 말했습니다(14절). 예수께서 다시 제자들에게 "너희는 나를 누구라고 생각하느냐"라고 물으셨을 때 베드로는 "주는 그리스도시오, 살아 계신 하나님의 아들이십니다"라는 신앙을 고백합니다. 예수님은 베드로의 신앙고백이 베드로 자신에게서 난 것이 아니라 하나님이 알게 하신 것이라고 말씀하시며 이러한

신앙고백 위에 주님의 교회를 세우실 것과 사단의 권세가 이기지 못하도록 보호하시며 천국 열쇠를 주실 것을 약속하셨습니다. 따라서 그리스도인들은 하나님이 세우신 교회를 든든히 세우고 부흥시키며 확장시켜 나가야 합니다. 그렇다면 주님이 세우시기를 원하셨던 교회의 참모습은 어떤 모습일까요?

1. 바른 신앙고백 위에 세워지는 교회입니다

교회는 "주는 그리스도시요 살아 계신 하나님의 아들이시니이다"(16절)라고 고백하는 사람들의 모임입니다. 교회는 고백이 분명해야 합니다. 당시 로마는 황제가 신이라며 도처에 황제상을 세우고 숭배하게 했지만 베드로는 오직 예수님이 그리스도이시고 살아계신 하나님의 아들이심을 분명히 알고 믿었습니다. 이처럼 교회는 성도들의 신앙고백 위에 세워져 갑니다. 즉, '예스는 그리스도요 살아계신 하나님의 아들' 이라는 신앙고백이 교회 존립의 기반이라는 말씀입니다. 교회의 구성원인 성도에게도 분명한 신앙고백이 있어야 합니다.

신앙고백이 중요한 것은 예수님을 통해 우리가 생명과 구원, 그리고 영생을 얻기 때문입니다. 신앙그백은 내 인생의 주인을 바꾸는 것입니다. 예수 믿기 이전의 내 주인은 '나'였으나, 예수 믿은 이후의 주인은 '예수님' 이십니다. 그러므로 교회는 나의 혈과 육은 죽고 하나님의 통치만이 충만한 곳입니다. 하나님의 통치가 충만한 곳이 바로 하나님의 나라입니다.

"사람이 마음으로 믿어 의에 이르고 입으로 시인하여 구원에 이르느니라"(롬 10:10)

2. 음부의 권세가 이기지 못하는 교회입니다

예수님은 베드로의 신앙고백 위에 하나님의 교회를 세우시겠다고 약속하셨고, 우리에게 '음부의 권세가 이기지 못할 것'(18절)이라는 약속과 함께 교회의 정체성이 무엇인지를 알려주셨습니다. 음부의 권세란 사단의 권세를 말합니다. 사단은 언제나 하나님의 사람들을 유혹하여 넘어뜨리려 했고, 집요하게 교회를 무너뜨리려고 궤계를 부리고 있습니다. 아담과 하와를 유혹했으며, 다윗을 흔들었고, 베드로를 넘어뜨리려 했습니다. 그러나 매번 뜻을 이루지 못하자 심지어 교회의 주춧돌이신 예수님을 넘어뜨리기 위해 광야에서 시험하고 십자가에 못 박히도록 도전했지만 결국 예수님의 부활로 실패했습니다. 예수님이 이기신 것입니다. 이처럼 음부의 권세는 세상의 빛이 되어 하나님께 영광 돌리려는 교회를 무너뜨리려고 고난과 박해를 주지만, 결국은 언제나 교회가 승리합니다. 주님이 세우신 교회이기 때문에 세상의 어떤 세력도 넘어뜨릴 수가 없습니다. 또한 음부의 권세는 성도들을 결코 넘어뜨릴 수 없습니다. 세상이 주는 시험을 두려워하지 말아야 할 이유가 여기 있습니다.

"자녀이면 또한 상속자 곧 하나님의 상속자요 그리스도와 함께 한 상속자니 우리가 그와 함께 영광을 받기 위하여 고난도 함께 받아야 할 것이니라. 생각하건대 현재의 고난은 장차 우리에게 나타날 영광과 비교할 수 없도다"(롬 8:17~18)

3. 하나님 나라를 전파하며 살아야 합니다

"내가 천국 열쇠를 네게 주리니"(19절)라는 말씀 속에는 교회의 권위와 동시에 '하나님의 나라를 전파'하라는 사명이 포함되어 있습니다. 예수님은 음부의 권세가 이길 수 없는 교회에게 하나님 나라 열쇠를 주셨습니다. 그 열쇠는 '땅에서 매면 하늘에서도 매이고, 땅에서 풀면 하늘에서도 풀리는' 열쇠입니다. 히브리 사람들에게 맨다는 말은 금한다는 뜻이고, 푼다는 말은 허락하다는 뜻입니다. 즉, 예수님이 주신 천국 열쇠는 교회의 권위를 보여주는 동시에 하나님 나라를 전파하여 많은 사람들을 하나님의 백성으로 삼는 사명을 교회에게 주신 것입니다. 그러므로 교회는 복음으로 천국의 문을 열어주어야 합니다.

예수님은 마가복음 1장 38절에서 "내가 다른 마을로 가리라 거기서도 전도하리니 내가 이를 위하여 왔노라"라고 말씀했습니다. 한 영혼이 하나님 나라에 들어가게 하는 것은 교회가 가진 위대한 사명이며 복입니다.

성도에게는 하나님 백성으로서의 권위가 있습니다. 동시에 교회의 일원으로서 우리의 이웃을 하나님 나라의 백성이 되도록 인도하는 사명이 있습니다. 이 사명을 충실히 감당할 때 하나님 나라가 확장되며 성도는 열매 맺는 기쁨을 얻게 됩니다.

"그런즉 누구든지 그리스도 안에 있으면 새로운 피조물이라 이전 것은 지나갔으니 보라 새것이 되었도다"(고후 5:17)

말씀 실천하기
* 바른 신앙고백으로 교회를 섬기고 있습니까?
* 교회의 부흥을 위해 복음을 전하는 일에 힘쓰겠습니까?

합심 기도하기
* 섬기는 교회가 바른 신앙 고백 위에 든든히 세워지게 하소서.
* 이 세상을 하나님의 나라로 변화시키는 책임과 사명을 감당하게 하소서.

27 가정을 향한 하나님의 뜻

본문 말씀 **살전 5:16~18**

이룰 목표 ▸ 가정을 잘 가꾸어 하나님 나라를 경험하는 생활을 한다.
　　　　 ▸ 천국을 이루는 가정이 되도록 힘쓰는 성도가 된다.

본문 살피기 ▸ 항상 무엇을 하라고 말씀하셨습니까?(16절)
　　　　 ▸ 쉬지 말고 무엇 하라고 말씀하셨습니까?(17절)
　　　　 ▸ 그리스도 예수 안에서 우리를 향하신 하나님의 뜻은
　　　　　 무엇입니까?(18절)

소그룹예배 인도 순서

사도신경 다 같이
찬　송 369장 (통 487)
기　도 회원 중
본문 말씀 살전 5:16~18
새길 말씀 살전 5:16~18
헌금 찬송 421장 (통 210)
헌금 기도 회원 중
주기도문 다 같이

말씀 나누기

　멋진 작품을 그리고 싶어 하는 화가가 있었는데, 어느 날 그는 막 결혼을 앞둔 예비 신부에게 세상에서 가장 아름다운 것이 무엇이냐고 물었습니다. 그러자 신부는 "사랑이지요, 사랑은 가난을 부유하게, 적은 것을 많게, 눈물도 달콤하게 만들지요. 사랑 없이는 아름다움도 없어요."라고 대답했습니다. 화가는 고개를 끄덕이고 이번엔 목사님께 똑같은 질문을 던졌는데, 목사님은 "믿음이지요. 하나님을 믿는 간절한 마음이야말로 세상에서 가장 아름답습니다."라고 말했습니다. 화가는 목사님의 말에도 진리가 담겨 있다고 생각했습니다. 그러나 그보다 더 아름다운 무엇이 있을 것만 같 았습니다. 때 마침 지나가는 한 지친 병사에게 물었더니 병사는 "무엇보 다 평화가 가장 아름답지요."라고 답했습니다. 순간 화가는 사랑과 믿음과 평화를 한데 모으면 멋진 작품이 될 것 같았습니다. 그 방법을 생각하며 집으로 돌아온 그는 아이들의 눈 속에서 믿음을 발견했고 또 아내의 눈에서는 사랑을 보았으며 사랑과 믿음으로 세워진 가정에 평화가 있음을 깨달았습니다. 얼마 뒤 화가는 세상에서 가장 멋진 작품을 완성했는데, 그 작품의 이름은 '가정'이었습니다.

하나님께서는 하나님 나라의 모형으로 두 곳을 허락하셨는데, 가정과 교회입니다. 그러므로 성도는 가정과 교회를 통하여 하나님 나라를 경험할 수 있습니다. 하나님께서는 가정을 귀하게 여기십니다. 왜냐하면, 가정은 서로 전혀 다른 두 사람이 만나 하나님 앞에서 믿음, 사랑, 평화를 이뤄가는 천국 체험장이기 때문입니다. 하나님께서는 어떤 모습의 가정을 하나님 나라와 가장 가까운 가정으로 인정하시는지 살펴보겠습니다.

1. 항상 기뻐하는 가정입니다

"항상 기뻐하라"는 말씀에는 비밀이 담겨 있습니다. 상황과 조건에서 기쁨을 찾지 않고 오직 하나님 안에서 찾는다면, 어떤 가운데에서도 기뻐할 수 있다는 것입니다. 하나님께서는 하나님을 경외하며 가족 간에 믿음과 사랑으로 화목한 가정을 기뻐하십니다. 믿음 하나로 항상 기뻐하는 가정 그곳이 바로 하나님 나라입니다.

우리는 기뻐할만한 상황이 주워졌을 때만 기뻐하는 존재가 아닙니다. 성도의 가정이라고 해서 불신자들의 가정보다 삶의 조건이 더 나은 것은 아닙니다. 그럼에도 불구하고 성도의 가정이 하나님 나라처럼 되는 것은 믿음과 사랑 때문입니다. 부부 각자가 가진 좋은 조건과 물질이 아니라 하나님께서 만민을 소중하게 창조하셨다는 믿음, 각기 다른 인격과 재능을 갖게 하셨음을 이해하고 존재 자체를 받아들이는 사랑이 모든 상황에서 기뻐하도록 하는 것입니다. 믿음과 사랑은 성도로 항상 기뻐하게 하고 가정이 하나님 나라로 바뀌도록 합니다. 성도는 "세상 끝 날까지 내가 너와 함께 하겠다"라고 말씀하신 주님의 약속을 믿고 항상 기뻐해야 합니다.

> "예수께서 나아와 말씀하여 이르시되 하늘과 땅의 모든 권세를 내게 주셨으니 그러므로 너희는 가서 모든 민족을 제자로 삼아 아버지와 아들과 성령의 이름으로 세례를 베풀고 내가 너희에게 분부한 모든 것을 가르쳐 지키게 하라 볼지어다 내가 세상 끝 날까지 너희와 항상 함께 있으리라 하시니라"(마 28:18~20)

2. 쉬지 않고 기도하는 가정입니다

쉬지 않고 기도하는 가정에 하나님 나라가 임합니다. 가정에서 하나님의 나라를 실현하기 위해서는 반드시 하나님께서 가정의 주인이 되시고 중심이 되셔야 합니다. 이를 위해서는 모든 일을 하나님께 의뢰하는 가정이 되어야 합니다. 하나님을 섬기는 가정이라면 인간적인 지혜나 경험보다는 먼저 하나님께 모든 일을 맡기며, 기도하는 자세를 가져야 합니다. 예레미야 17장 7절에 보면 "무릇 여호와를 의지하며 여호와를 의뢰하는 그 사람은 복을 받을 것이라"고 기록되어 있습니다. 현대를 살아가는 가정들을 보면 참으로 열심히 일하며 사는 것을 볼 수 있습니다. 그런데 문제는 열심히 일을 하는데 갈수록 가정이 이혼이나 파탄에 직면한다는 것입니다. 하나님께 기도하지 않고 인간의 노력만

앞세울 때 가정은 사랑을 잃게 됩니다. 우리의 힘만으로 무엇을 이루려고 하는 것처럼 어리석은 일도 없습니다. 하나님이 도와주시지 않으면 아무리 수고하며 애쓸지라도 가정이 바로 세워지지 않습니다. 그러므로 행복한 가정을 이루는 것과 기도는 항상 연결되어 있다는 것을 깨달아야 합니다. 하나님은 당신의 뜻을 따르기 위해 항상 기도하는 가정을 지키시고 그곳에 하나님 나라를 이루십니다.

"여호와께서 집을 세우지 아니하시면 세우는 자의 수고가 헛되며 여호와께서 성을 지키지 아니하시면 파수꾼의 깨어 있음이 헛되도다"(시 127:1)

3. 범사에 감사가 있는 가정입니다

범사에 감사가 넘치는 가정이 바로 하나님의 나라입니다. 하나님 나라는 사후 성도들이 가야 할 영원한 안식처인 동시에 성도들이 이 세상에서 사는 동안 이 땅에 만들어야 할 나라이기도 합니다. 아담과 하와를 통해 낙원 에덴동산에 최초의 가정이 이루어졌습니다. 그 가정이 바로 하나님 나라였습니다. 그러나 최초의 가정은 아담과 하와의 범죄로 말미암아 낙원에서 추방됩니다. 아담과 하와가 추방당한 이유는 하나님과 같이 되려는 교만과 불순종이었지만, 그 불순종과 교만의 바닥에는 범사에 감사가 없었음을 유추할 수 있습니다.

모든 것에 자족하며 범사에 감사가 있는 가정에 하나님 나라가 임합니다. 시련과 고난은 함께 극복하고, 행복과 기쁨은 함께 나누도록 가정을 주셨음을 기억하고 범사에 감사해야 합니다. 범사에 감사가 있는 가정이 하나님의 나라이며 동시에 하나님 나라의 복과 기쁨을 경험하는 장소입니다.

성도는 주어진 은혜에 자족하기를 날마다 배워야 합니다. 하나님을 향한 감사의 마음을 잃어버린다는 것은 곧 완전한 절망을 뜻합니다. 시련과 고난에서도 범사에 감사할 수 있는 사람만이 하나님 나라의 기쁨을 누릴 수 있는 주인공이 됩니다.

"감사로 제사를 드리는 자가 나를 영화롭게 하나니 그 행위를 옳게 하는 자에게 내가 하나님의 구원을 보이리라"(시 50:23)

말씀 실천하기
＊ 가정은 하나님이 허락하신 것임을 알고 소중히 여기며 기도하고 있습니까?
＊ 하나님의 뜻이 가정에 이루어지기 위해 해야 할 것은 무엇입니까?

합심 기도하기
＊ 주님을 바라보며 항상 기뻐하는 가정이 되게 하소서.
＊ 하나님이 기뻐하시는 가정이 되도록 하나님 중심으로 살게 하소서.

28 하나님 나라 백성으로서의 구제생활

본문 말씀 **고후 8:1~5**

이룰 목표
▶ 구제가 이웃 사랑임을 안다.
▶ 헌금에 대한 성경적인 생각을 갖는다.

본문 살피기
▶ 힘에 지나도록 자원하여 구제헌금을 드린 이유는
무엇이었습니까?(1절)
▶ 마게도냐 교회들의 외적 환경은 어떠했습니까?(2절)
▶ 헌금보다 선행돼야 할 일이 무엇이라고 생각합니까?(5절)

소그룹예배 인도 순서

사도신경 다 같이

찬　　송 220장 (통 278)

기　　도 회원 중

본문 말씀 고후 8:1~5

새길 말씀 고후 8:2

헌금 찬송 503장 (통 373)

헌금 기도 회원 중

주기도문 다 같이

말씀 나누기

선교와 구제, 그리고 섬김의 필요성은 그리스도인들에게 끊임없이 요구되는 소명입니다. 인간은 죄악으로 말미암아 찾아오는 갖가지 재앙과 재난 그리고 질병들로 인하여 세상에서 절박한 어려움에 직면해 있기 때문입니다. 이러한 상황을 아시는 예수님이 교회에 주시는 분명한 도전은 '주라'는 말씀입니다. 디모데전서 6장 18절에 "선을 행하고 선한 사업을 많이 하고 나누어 주기를 좋아하며 너그러운 자가 되게 하라"는 명령이 있습니다. 성경에 제시된 복의 원리는 주면 후하게 받게 되고, 심으면 반드시 거두게 됩니다(갈 6:7).

　사도 바울의 3차 전도여행의 사역 중 하나는 어려움 가운데 있는 예루살렘의 가난한 성도들을 위한 구제헌금을 모금하는 일이었습니다. 바울은 고린도 교인들에게 예루살렘을 위한 구제헌금에 동참할 것을 권면하면서 마게도냐 교회들의 모범적 행동에 대해 강조하였습니다. 이렇게 마게도냐 교회들이 모범적인 헌금을 하게 된 이유가 무엇인지 살펴보겠습니다.

1. 받은 은혜를 잊지 않았기 때문입니다

　"형제들아 하나님께서 마게도냐 교회들에게 주신 은혜를 우리가 너희에게 알리노니"(1절). 여기서 말하는 은혜는 하나님께 받은 여러 가지 복을 말하는데 그 가운데 가장 귀한 은혜는 예수 그리스도를 통하여 이루어진 구원의 은혜입니다. 마게도냐 교인들에게 임한 이 구원의 은혜는 환경을 초월하는 능력을 가지고 살도록 했습니다. 본문 2절에 보면 마게도냐 교회는 두 가지 큰 어려움을 가지고 있었습니다. 하나는 환란으로 인한 시련이었고, 다른 하나는 극심한 가난이었습니다.

　역사적으로 거슬러 올라가 보면 한때 마게도냐 지방은 풍부한 천연자원으로 인해 풍족했었습니다. 그러나 수세기에 걸친 전쟁으로 그 지역은 황폐해졌고 로마는 그 지역으로부터 약탈을 일삼았습니다. 마게도냐 교회들은 이렇게 비참할 정도로 어려운 환경 가운데 있었지만 하나님께 받은 은혜를 잊지 않고 감사하며 살았습니다. 그 결과 그들에게는 점점 더 큰 하나님의 은혜가 공급되었고, 환란과 시련 가운데서도 넘치도록 기뻐할 수 있었습니다. 뿐만 아니라 극심한 가난 가운데 있었지만 풍성한 연보를 드릴 수 있었습니다. 이렇게 넘치도록 구제헌금을 한 것에 대해 바울은 본문 3절에 이렇게 기록하고 있습니다. "그들이 힘대로 할 뿐 아니라 힘에 지나도록 자원하여" 했다고 말입니다.

참된 은혜는 '주는 것' 입니다. 마게도냐 교회는 어려워도 하나님 나라가 임했기에 기쁨으로 주었고, 그리스 최대 항구 도시에 위치한 고린도 교회는 무역이 성행하는 지역이었기에 비교적 풍부했지만 나누지 않았습니다. 헌금은 많이 가졌다고 드리는 것이 아닙니다. 은혜 받아야 드릴 수 있습니다. 간혹 드릴 것이 없다는 말을 하는 사람도 있는데 사실은 드릴 것이 없는 것이 아니라 은혜가 없는 것입니다. 주면 넉넉해지고, 주면 행복해집니다. 은혜 받았으니 구제하며 선한 일을 하는데 힘써야 합니다.

"주라 그리하면 너희에게 줄 것이니 곧 후히 되어 누르고 흔들어 넘치도록 하여 너희에게 안겨 주리라 너희가 헤아리는 그 헤아림으로 너희도 헤아림을 도로 받을 것이니라"(눅 6:38)

2. 온전히 드리는 법을 알았기 때문입니다

마게도냐 교인들은 하나님께 받은 은혜를 온전히 보답하는 법을 알았습니다. 온전히 드리는 것은 삼헌 즉, 마음과 몸과 물질을 드리는 것입니다. 환란과 시련 가운데도 넘치는 기쁨으로 하나님을 향해 구제헌금을 하며 감사하는 것이 온전한 드림입니다. 5절에 보면 "그들이 먼저 자신을 주께 드리고"라고 했는데 이것은 헌신을 말합니다.

예수 그리스도의 피 값으로 하나님의 자녀가 됐으니 우리 몸은 하나님의 것입니다. 그러므로 하나님의 일을 위해 헌신하는 것은 당연한 것입니다.

본문 5절은 "또 하나님의 뜻을 따라 우리에게 주었도다"라고 말씀합니다. 하나님의 뜻은 물질적으로 어려워도 돕는 것입니다. 그런 하나님의 뜻을 알았기에 마게도냐 교인들은 구제헌금을 모아서 사도들에게 전달했습니다.

극한 흉년으로 먹을 것이 없을 때 엘리야가 사르밧에 있는 과부에게 찾아갔습니다. 그는 사랑하는 아들과 마지막 떡을 구워 먹고 죽음을 기다릴 수밖에 없는 상황이었는데 엘리야가 찾아오자 그를 대접했습니다. 그 결과 하나님께서 복을 주심으로 평생 밀가루와 기름을 공급받았습니다(왕상 17장). 우리는 하나님께 드리되 온전히 드리는 데 힘써야 합니다.

"내가 주릴 때에 너희가 먹을 것을 주었고 목마를 때에 마시게 하였고 나그네 되었을 때에 영접하였고, 헐벗었을 때에 옷을 입혔고 병들었을 때에 돌보았고 옥에 갇혔을 때에 와서 보았느니라"(마 25:36~37)

3. 동역하려는 마음이 있었습니다

구제헌금을 모아서 예루살렘 교회를 돕는 일은 바울 혼자서는 할 수 없는 일이었기에 동역자가 필요했습니다. 그때에 마게도냐 성도들이 동역자가 되겠다고 요청해왔습니다. 본문 4절에 보면 "이 은혜와 성도 섬기는 일에 참여함에 대하여 우리에게 간절히 구하니"라고 했습니다. 여기서 '우리에게 간절히 구했다.' 라는 말씀의 문맥으로 보아 물질적으로 너무나 어려움을 당하고 있는 마게도냐 교인들이 자원하여 구제에 동참하겠다고 했을 때 바울은 그들의 형편을 생각해서 만류했던 것 같습니다. 그럼에도 불구하고 마게도냐 교인들은 동역하기를 간절히 요청했던 것입니다.

이렇게 은혜가 충만하여 하나님의 나라가 임한 사람에게는 구제헌금을 강요하거나 호소할 필요가 없을 만큼 동역하고자 하는 마음이 간절

합니다. 은혜가 있으면 무엇이든지 할 수 있습니다. 동역하려는 마음을 가진 사람은 복된 사람입니다. 마게도냐에 임한 은혜가 우리에게도 계속 되기를 기대합니다.

"범사에 여러분에게 모본을 보여준 바와 같이 수고하여 약한 사람들을 돕고 또 주 예수께서 친히 말씀하신 바 주는 것이 받는 것보다 복이 있다 하심을 기억하여야 할지니라"(행 20:35)

말씀 실천하기
* 총회 사회복지국에서 실시하는 사랑의 저금통에 참여하고 계십니까?
* 복음에 빚진 자로서 내가 할 일이 무엇이라고 생각하십니까?

합심 기도하기
* 주변에 있는 가난한 자들에게 은혜 주옵소서.
* 구제를 생활화할 수 있는 믿음을 주옵소서.

29 하나님 나라가 임한 사람

본문 말씀 행 11:19~26

이룰 목표
▶ 선교에 대한 비전이 무엇인지 안다.
▶ 그리스도인의 충성스런 삶을 배운다.

본문 살피기
▶ 안디옥에 온 유대인들이 왜 자기 민족에게만 복음을 전했습니까?(19절)
▶ 이방인들에게 복음을 전한 사람들의 수가 적었던 이유는 무엇입니까?(20절)
▶ 예루살렘 교회는 왜 바나바를 안디옥 교회에 보냈습니까?(22절)

소그룹예배 인도 순서

사도신경 다 같이
찬 송 495장 (통 271)
기 도 회원 중
본문 말씀 행 11:19~26
새길 말씀 행 11:26
헌금 찬송 505장 (통 268)
헌금 기도 회원 중
주기도문 다 같이

말씀 나누기

초대교회 당시 스데반 이라는 영적 리더가 있었습니다. 교회 집사인 그에게 성령이 임하고 하나님의 나라가 임하게 되니 대단한 영적 힘이 생겼습니다. 성령이 충만했기에 순교할 각오로 유대교인들을 상대로 복음을 전하다가 결국 돌에 맞아 순교하게 되었습니다. 그 후 핍박이 심해지자 성도들은 예루살렘을 떠나 여러 지역으로 흩어지게 되었습니다.

베니게와 구브로 그리고 예루살렘에서 멀리 떨어진 안디옥까지 흩어져서 신앙생활을 했습니다. 당시 안디옥에서 생활하던 대부분의 성도들은 유대인에게만 복음을 전하며 살았습니다. 그런데 이들과 다른 사람들이 있었습니다. 마음에 하나님 나라가 임했던 구브로와 구레네 사람 중 몇 명이었습니다(20절). 그들은 뭔가 다른 생각을 가졌었고 다른 행동을 하는 사람들이었습니다. 그들의 어떤 모습이 달랐으며, 우리에게 주는 도전은 무엇인지 살펴보겠습니다.

1. 이방 선교에 눈을 뜨게 되었습니다

이방 지역에 흩어진 성도들은 나름대로 사명을 가지고 유대인에게 열심히 전도 했습니다. 당시 상황으로 보면 그렇게라도 복음을 전한다는 것은 대단한 일이었습니다. 그렇지만 대부분의 성도들은 천하 만민이 구원을 받아야 한다는 하나님의 깊은 뜻을 깨닫지 못했기에 이방인에게 복음을 전할 생각을 하지 못했습니다. 그런데 그들과 다른 일부 사람들이 있었습니다. 이방 선고에 눈을 뜬 구브로와 구레네 출신 몇 사람입니다. 그들은 이방인으로서 복음을 듣지 못하여 지옥갈 수밖에 없는 그들의 불쌍한 영혼을 보게 되는 순간 "온 천하에 다니며 만민에게 복음을 전파하라"(막 16:15)는 예수님의 지상 명령이 생각났습니다.

선교에 눈을 뜬 사람은 보편적인 사람보다 다른 사람입니다. 그들의 숫자는 많지 않았지만 큰 변화를 일으켰습니다. 본문 21절에 보면 "주의 손이 그들과 함께 하시매 수많은 사람들이 믿고 주께 돌아오더라"라고 했습니다. '주님의 손'이란 능력의 손이요 권능의 손을 말합니다. 아무리 연약한 사람일지라도 주님의 손에 붙들리기만 하면 큰일을 할 수 있습니다. 하나님께서 이사야 선지자를 통해 약속하신 말씀도 그렇습니다. "나의 의로운 오른 손으로 너를 붙들리라"(사 41:10).

선교에 눈을 뜬 성도는 복을 받습니다. 하나님께서 능력의 오른손으로 붙들어 주시기 때문입니다. 간혹 국내에도 선교할 곳이 많은데 꼭 해외까지 선교할 필요가 있겠느냐고 반문 하는 사람이 있는데 하나님의 바람은 지구촌 곳곳에 동시다발적으로 복음이 전파되기를 바라고 계시기 때문에 힘 있게 선교해야 합니다.

"오직 성령이 너희에게 임하시면 너희가 권능을 받고 예루살렘과 온 유대와 사마리아와 땅 끝까지 이르러 내 증인이 되리라 하시니라"(행 1:8)

2. 예루살렘 교회는 최초로 선교사를 파송했습니다

이방지역인 안디옥에도 복음이 전파되어 사람들이 모여들고 있다는 소식을 들은 예루살렘 교회는 바나바를 목회자로 파송 했습니다(22절). 예루살렘 교회는 보편적이지 않은 교회였습니다. 다른 교회에 최초로 선교사를 파송한 교회였고, 바나바는 최초의 선교사였습니다. 선교사를 파송한 것은 큰 복입니다.

예루살렘 교회가 최초로 파송한 선교사 바나바는 여러 가지 특징을 가진 사람입니다. 믿음이 충만한 것을 보아 영적 리더십이 있는 사람이었고, 착한 사람이라는 칭찬을 듣기도 했습니다. 뿐만 아니라 다소에 있는 사울을 데려와서 협력 사역을 한 것을 보면 인격적인 리더십도 있는 사람이었습니다. 그리고 성령이 충만한 것으로 보아 사역자로서 갖추어야 할 영적인 리더십까지 갖춘 사람이었습니다(24절). 이런 훌륭한 인물을 선발하여 안디옥교회에 파송한 예루살렘 교회는 복 받은 교회입니다.

"그러므로 너희는 가서 모든 민족을 제자로 삼아 아버지와 아들과 성령의 이름으로 세례를 베풀고. 내가 너희에게 분부한 모든 것을 가르쳐 지키게 하라"(마 28:19~20)

3. 안디옥 교인들은 거룩한 별명이 붙었습니다

안디옥에서 열심히 사역을 감당하던 제자들은 처음으로 그리스도인이라 일컬음을 받게 되었습니다(26절). 생소했던 말이기도 하지만 깜짝 놀랄 말이었습니다. 그리스도인이라는 말은 성경에 세 번 나옵니다(행 11:26, 26:28; 벧전 4:16). '그리스도에게 속한 사람'이라는 뜻을 가지고 있는 말입니다. 즉, 그리스도를 위해 고난 받는 사람, 그리스도를 전파하는 사람(행 11:19~20), 그리스도를 닮은 사람(행 11:23)을 칭합니다. 안디옥 교인들이 그리스도인이라 칭함을 받게 된 데는 바나바의 영향력을 배제할 수 없습니다. 본명보다 별명으로 유명한 사람, 바로 바나바입니다. 바나바의 본명은 요셉입니다(행 4:36). 사람들이 '위로의 아들'이라는 뜻을 가진 바나바라는 별명을 붙여 부르기 시작하면서 유명해졌습니다.

안디옥 교인들이 그리스도인이라 일컬음을 받게 된 것은 예수님을 그리스도로 믿고 말씀에 철저히 순종하였기 때문입니다. 말씀에 의한 그들의 삶의 변화를 지켜본 사람들이 그리스도를 닮은 사람이라는 별칭을 붙여 그리스도인이라고 부르게 된 것입니다.

"그런즉 너희가 먹든지 마시든지 무엇을 하든지 다 하나님의 영광을 위하여 하라"(고전 10:31)

말씀 실천하기
* 죽어가는 영혼들을 위해 내가 할 일은 무엇입니까?
* 선교사가 도움을 요청해 온다면 기꺼이 돕겠습니까?

합심 기도하기
* 선교에 대한 비전을 주옵소서.
* 선교의 협력자가 되게 하옵소서.

30 신앙의 진가

본문 말씀 막 8:34~38

이룰 목표
▶ 예수님의 죽으심으로 얻은 생명임을 알고 신앙생활을 소중하게 여긴다.
▶ 예수님이 가신 십자가의 길을 따르는 충성된 성도가 된다.

본문 살피기
▶ 주님을 따르려면 어떻게 해야 한다고 말씀하셨습니까?(34절)
▶ 주와 복음을 위해 자기 목숨을 잃으면 어떻게 된다고 하셨습니까?(35절)
▶ 누구든지 주와 주의 말씀을 부끄러워하면 어떻게 하신다고 하셨습니까?(38절)

소그룹예배 인도 순서

사도신경 다 같이
찬　　송 333장 (통 381)
기　　도 회원 중
본문 말씀 막 8:34~38
새길 말씀 막 8:34
헌금 찬송 450장 (통 376)
헌금 기도 회원 중
주기도문 다 같이

말씀 나누기

그리스도인들은 예수님이 이 땅에 오신 목적을 분명하게 알고 있어야 예수님의 뒤를 올바르게 따를 수 있습니다. 예수님은 누가복음 19장 10절에서 "인자의 온 것은 잃어버린 자를 찾아 구원하려 함이니라"고 말씀하셨습니다. 즉, 예수님은 죄와 허물 때문에 죽을 수밖에 없는 인간을 구원하시려고 오셨습니다. 그리고 하나님 아버지의 뜻을 이루기 위해 고통스러운 십자가의 길을 가셨습니다. 그 길이 사람을 진정으로 사랑하는 길이며, 살리는 길이기 때문입니다.

본문에는 예수님을 본받고 하나님 나라를 증거할 제자들이 먼저 갖추어야 할 자세가 나옵니다. 그것은 자기를 부인하고 죽기까지 충성하며 십자가의 길을 가는 것입니다. 예수님이 가르쳐 주신 하나님 나라 일꾼의 자세가 무엇인지 말씀 안에서 찾아보겠습니다.

1. 자기를 부인해야 합니다

주님을 따르는 생활에 있어서 가장 중요한 것은 자기를 부인하는 것입니다. 여기에서 '부인한다.' 라는 말의 기본 개념은 '아니오.' 라는 뜻으로, 자기중심적인 삶을 살지 않고 자신에 대한 삶의 권리를 주님께 넘겨드리는 생활을 의미합니다. 즉, 자기 부인은 그리스도의 통치를 받아들이는 것을 말합니다.

일상적인 삶 속에서 자신의 유익, 지식, 경험 대신 예수님을 본받아 하나님의 뜻을 선택하는 것이 자기 부인의 생활입니다. 그래서 예수님은 마가복음 8장 33절에서 "하나님의 일을 생각하지 아니하고 도리어 사람의 일"을 생각하는 베드로를 책망하신 것입니다.

참으로 충성하는 그리스도인은 자신을 드러내지 않고 복음을 위해 자기를 포기하며, 오히려 고난받기를 기뻐합니다. 그러므로 진정한 예수님의 제자는 자신만을 위한 안락, 평안함, 체면, 자존심 등 본능적 욕구에 대해서 "아니오."라고 말하고, 예수님의 말씀에는 "예."하며 순종하는 삶을 살아야 합니다. 이러한 삶을 살아가게 될 때 하나님과 교통하는 진정한 자신을 발견하게 되고 하나님 나라의 풍성한 은혜도 받게 될 것입니다.

"믿음의 주요 또 온전하게 하시는 이인 예수를 바라보자 그는 그 앞에 있는 기쁨을 위하여 십자가를 참으사 부끄러움을 개의치 아니하시더니

하나님 보좌 우편에 앉으셨느니라"(히 12:2)

2. 자기 십자가를 져야 합니다

"자기 십자가를 지라"는 말씀은 그리스도인에게도 담당해야 할 십자가가 있다는 말씀입니다. 예수님은 인류의 죄에 대한 책임을 지시기 위해서 십자가에 달려 죽으셨습니다. 주님께서 그 십자가를 지시지 않으셨다면 인류의 구원이라는 역사는 일어나지 않았을 것입니다. 이것이 예수님이 감당하신 십자가입니다. 이와 같이 성도에게도 하나님 나라를 위해 책임져야 할 십자가가 있습니다. 십자가는 어떠한 상황에서든지 신앙을 지키기 위해서 따라오는 수많은 유혹과 고난, 사람들로부터 외면당하고 조롱당하더라도 하나님의 뜻을 따르는 의지를 잃지 않는 것입니다.

하나님께서는 성도들이 감당할 만한 십자가를 주십니다. 그러므로 범사에 감사하는 마음으로 주어진 십자가를 감당해야 할 것입니다. 주어진 십자가를 잘 감당하기 위해서는 한결같은 믿음을 갖고 그리스도인으로서 구별된 삶을 살아야 합니다. 입술만의 구별이 아니라 생각과 삶의 구별이 있어야 합니다.

"조금 나아가사 얼굴을 땅에 대시고 엎드려 기도하여 이르시되 내 아버지여 만일 할 만하시거든 이 잔을 내게서 지나가게 하옵소서. 그러나 나의 원대로 마시옵고 아버지의 원대로 하옵소서 하시고"(마 26:39)

3. 죽기까지 충성해야 합니다

"자기 목숨을 버리라"는 말씀은 자신의 생명을 예수님께 던지라는 말씀으로 이것은 실로 엄청난 요구입니다. 예수님 당시 제자들이나 초대교회 성도들은 이 말씀을 그대로 받아들이고 하나님 나라를 위해 목숨을 바쳤습니다. 순교자들은 가족과 재산 심지어는 자기 목숨까지 버리면서 신앙을 지켰습니다. 그들은 신앙의 진가를 알았기 때문입니다. 그러므로 우리도 신앙의 진가를 깨달아야 합니다. 신앙의 참된 가치를 깨달을 때 삶의 전부를 예수님께 맡기고 비로소 충성된 그리스도인이 됩니다.

장로들과 대제사장들에게 배척을 받아 죽임을 당하고 사흘 뒤에 다시 살아날 것이라는 가르침 앞에 항변했습니다(막 8:31~32). 예수님이 십자가에서 죽으셔야 천하 만민을 살릴 수 있는 '하나님의 일'을 깨닫지 못하고 '사람의 일'을 생각한 것입니다. 성도는 '사람의 일'이 아니라 '하나님의 일'에 충성하는 자들입니다. 우리가 하나님 나라를 위해 자기를 부인하고 자기 십자가를 지고 죽기까지 충성하면, 자신과 더불어 많은 사람을 생명의 길로 인도하고 영생의 기쁨을 누리게 됩니다.

"인자가 온 것은 섬김을 받으려 함이 아니라 도리어 섬기려 하고 자기 목숨을 많은 사람의 대속물로 주려함이니라"(막 10:45)

말씀 실천하기
＊ 자기를 부인하고 자기 십자가를 지기 위해, 오늘 내가 결단해야 하는 것은 무엇입니까?
＊ 주와 복음을 위하여 헌신하기 위해, 오늘 내가 훈련받아야 할 것은 무엇입니까?

합심 기도하기
＊ 주님께서 가신 십자가의 길을 끝까지 충성하며 가게 하소서.
＊ 유혹과 어려움 가운데서도 하나님의 뜻을 따르는 의지를 잃지 않게 하소서.

31 성령의 기름 부으심을 통해 임하는 하나님 나라

본문 말씀 **겔 36:25~27**

이룰 목표
▶ 성령이 임하면 회개의 역사가 일어남을 안다.
▶ 성령이 임할 때 말씀을 지켜 살 수 있음을 안다.

본문 살피기
▶ 죄가 정결케 되는 방법은 무엇입니까?(25절)
▶ 성령이 임한 마음 상태는 어떻습니까?(27절)
▶ 하나님 말씀을 지켜 살기 위해 필요한 것은 무엇입니까?(27절)

소그룹예배 인도 순서

사도신경	다 같이
찬 송	192장
기 도	회원 중
본문 말씀	겔 36:25~27
새길 말씀	겔 36:27
헌금 찬송	195장 (통 175)
헌금 기도	회원 중
주기도문	다 같이

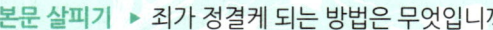

말씀 나누기

우리가 그리스도인이 됐지만 여전히 연약성을 가지고 있습니다. 예수님의 제자 베드로도 성령 받기 이전에는 아주 나약하고 비겁한 사람이었기에 예수님이 체포되시는 것을 보고 여종들 앞에서 예수님을 모른다고 부인했었습니다(마 26:69~75). 그러나 오순절 성령 체험 후 담대해져서 죽음도 두려워하지 않고 부활의 복음을 전했습니다(행 4:19~20). 성령의 기름 부으심의 결과는 대단합니다. '기름 부으심'이란 사명을 감당할 수 있는 능력을 받는 것입니다. 예수님도 안식일에 회당에서 말씀을 선포하실 때 그런 의미에서 '기름 부으심'에 대해 말씀하셨습니다(눅 4:18~19). 성령의 능력 즉, 성령의 기름 부으심을 받은 사람에게 하나님의 나라가 임합니다. 내 마음에 하나님 나타가 임하게 되면 어떤 변화가 있는지 살펴보겠습니다.

1. 회개의 역사가 일어납니다

하나님의 백성들은 피를 흘리고 우상숭배로 인하여 너무 더러워져 있습니다. 그때 하나님께서는 맑은 물을 부어서 더러운 것을 정결하게 하시겠다고 하셨습니다(25절). '맑은 물'이란 구약성경에서는 제사를 드릴 때 속죄의 물을 뿌리며 정결 예식을 하는 것을 설명한 것이지만(민 8:7, 19:9), 신약성경에서는 세례(행 19:3)나 양심에 뿌려진 그리스도의 보혈을 의미합니다.

나아만 장군이 요단강에서 몸을 물에 잠갔다가 올라오는 순간 문둥병이 깨끗하게 되었듯이(왕하 5장), 성령의 은혜가 죄인에게 임하면 회개의 역사를 통해 성품이 변화되기 때문에 그 마음에 하나님 나라가 임합니다.

"예루살렘아 네 마음의 악을 씻어 버리라 그리하면 구원을 얻으리라 네 악한 생각이 네 속에 얼마나 오래 머물겠느냐"(렘 4:14)

2. 인격적인 변화가 있게 됩니다

하나님의 백성들은 우상을 섬기면서 마음이 굳어졌기에 하나님을 점점 멀리하기 시작했습니다. 그 결과 은혜도 받지 못했으며 신앙 인격은 어디 갔는지 찾을 수가 없었습니다. 그런데 성령이 임하니 놀라운 변화가 일어났습니다. 굳어있던 마음이 부드러운 마음으로 변화되었습니다

(26절). 부드러운 마음으로 변화되었다는 것은 하나님의 뜻에 순종하고 돌같이 굳어 있던 마음이 회복됐다는 증거입니다.

부드러운 마음은 죄에 대하여 민감한 마음입니다. 부드러운 마음은 하나님의 나라가 임한 마음이기에 하나님의 뜻에 순종합니다. 부드러운 마음은 사랑을 공급하는 마음이고 성령의 지배를 받는 마음입니다. 목적이 바뀌면 가치관도 자연히 변하듯이 성령을 받으면 판단기준도 달라집니다. 그러므로 사도 바울은 빌립보서 3장 8절 이하에 예수님을 만나고 성령의 지배를 받으면서 이전에 아끼던 것들을 분토와 같이 버렸다고 했습니다.

"내가 그들에게 한 마음을 주고 그 속에 새 영을 주며 그 몸에서 돌 같은 마음을 제거하고 살처럼 부드러운 마음을 주어"(겔 11:19)

3. 말씀에 순종하며 살아갑니다

성령이 임하면 하나님의 말씀을 지키며 삽니다. 본문 27절에 "또 내 영을 너희 속에 두어 너희로 내 율례를 행하게 하리니 너희가 내 규례를 지켜 행할지라"라고 했습니다. 성령의 기름 부으심의 은혜를 체험한 사람은 힘이 들고 어려워 보이는 말씀일지라도 순종하게 됩니다. 사무엘상 15장에 보면 사무엘 선지자가 사울을 책망하는 말씀이 나옵니다. 아말렉과의 싸움에서 승리하면 아무것도 남기지 말고 진멸하라고 했는데 스스로 판단하여 좋은 것들을 남겨 놓았습니다(삼상 15:9). 사무엘의 책망을 들은 사울은 좋은 것들로 하나님께 제사 드리기 위해서였다고 변명하지만(삼상 15:15), 아무리 선한 뜻을 가지고 행한 일일지라도 하나님의 말씀에 순종하는 것이 불순종하는 마음을 가지고 제사 드리는 것보다 낫다고 가르쳤습니다(삼상 15:22). 신명기 28장 2절에서도 하나님의 말씀에 순종할 때 복이 임한다고 했습니다. 하나님의 말씀은 성령의 감동으로 기록된 것이기에 성령께서 인도하시는 대로 순종하면 놀라운 역사와 복이 임하게 됩니다.

2017년은 종교개혁 오백주년이 되는 해입니다. 종교개혁 정신인 '오직 믿음', '오직 성경', '오직 은혜'로 신앙의 본질을 회복해 나가야 할 때입니다. 성령의 기름 부으심을 받아 하나님 나라가 임하게 되면 가능합니다. 지금은 성령의 기름 부으심의 역사가 있어야 할 때입니다.

"네가 네 하나님 여호와의 말씀을 삼가 듣고 내가 오늘 네게 명령하는 그의 모든 명령을 지켜 행하면 네 하나님 여호와께서 너를 세계 모든 민족 위에 뛰어나게 하실 것이라"(신 28:1)

말씀 실천하기
* 신앙의 성장에 방해가 되는 우상이 발견된다면 어떻게 하겠습니까?
* 하나님과의 관계회복을 위해 경건훈련을 하겠습니까?

합심 기도하기
* 하나님 나라를 이루어 갈 수 있도록 성령 충만함을 주옵소서.
* 성령의 능력을 힘입어 말씀에 순종하며 살 수 있도록 도와주옵소서.

32 기도 응답으로 만족한 삶을 사는 사람

이룰 목표
▶ 모든 권세는 주께로부터 온다는 것을 안다.
▶ 감사가 기도의 핵심임을 안다.

본문 살피기
▶ 한나의 즐거움은 어디서부터 왔습니까?(1절)
▶ 권세를 높이는 자는 누구입니까?(1절)
▶ 최고로 거룩하신 분은 누구입니까?(2절)

소그룹예배 인도 순서

사도신경 다 같이
찬 송 93장 (통 93)
기 도 회원 중
본문 말씀 삼상 2:1~2
새길 말씀 삼상 2:2
헌금 찬송 288장 (통 204)
헌금 기도 회원 중
주기도문 다 같이

말씀 나누기

'한나' 하면 떠오르는 것은 기도의 사람입니다. 그녀는 기도 응답으로 만족한 삶을 산 사람이기도 합니다. 한나의 남편 엘가나는 한나 말고 또 다른 아내 브닌나가 있었습니다. 브닌나는 자녀가 있는 반면 한나 에게는 자녀가 없었습니다. 그로 인해 한나에게 고통이 시작되었습니다. 당시 아이를 낳지 못하는 여성은 저주받은 여성으로 취급하던 때이므로 한나에게 정신적 고통은 이만저만이 아니었습니다. 설상가상으로 브닌나의 괄시는 참을 수 없는 고통이었습니다. 이 고통으로 말미암아 한나는 기도의 사람이 되었습니다.

기도응답으로 얻은 사무엘의 출생은 한나에게는 죽음의 문턱에서 생명의 자리로 옮겨진 구원과 같았습니다. 여자로서 자식을 낳지 못하는 것은 곧 생명 없는 나무와 같아서 평생 동안 멸시와 천대를 감수하며 살아야 했기 때문입니다. 기드 응답을 받은 한나는 오직 하나님께 받은 은혜로 인하여 하나님이 말씀하시면 어디라도 달려갈 것 같은 자세였고, 그 마음에 하나님 나라가 임하게 되니 기쁨이 충만해 있었습니다. 사무엘상 2장은 기도를 응답해주신 하나님의 섭리에 너무나 감사하고 기뻤기에 드린 찬양입니다. 기도 응답은 받은 사람은 이처럼 만족한 삶을 삽니다.

1. 하나님이 웃게 하시니 만족했습니다

한나를 웃게 하신 분은 하나님이십니다. 본문 1절에 보면 "한나가 기도하여 이르되 내 마음이 여호와로 말미암아 즐거워하며 주의 구원으로 말미암아 기뻐함이니이다"라고 기록된 것으로 보아 하나님의 역사하심으로 인하여 한나가 웃을 수 있었습니다. 기도 응답 받기 전에 한나는 어떤 기분으로 살았을까요? 사무엘상 1장 6절에 보면 "그의 적수인 브닌나가 그를 심히 격분하게 하여 괴롭게 하더라"고 했습니다. 한마디로 기도응답 받기 이전의 한나는 웃음을 잃어버린 사람이었습니다. 그녀가 자녀를 낳지 못해서 서러움을 당하며 번민에 빠져있을 때 그의 남편은 물질로(삼상 1:5), 또는 위로하는 말로(삼상 1:8) 그의 번민을 달래보았으나 소용이 없었습니다. 그러나 하나님이 웃게 하시니 웃을 수가 있었습니다. 즉 하나님께서 기쁨의 선물을 주셨기에 웃을 수 있었습니다. 하나님은 사랑하는 자녀가 번민과 고통 중에 있을 때 웃을 수 있는 환경을 만들어 주시는 분이십니다. 창세기 21장 6절 이하에 보면 아브라함의 아내 사라가 아이를 낳지 못하여 고민 중에 있었는데 하나님께서는 아브라함이 백세 되던 해에 '이삭'을 주신 것처럼 고통 중에 있는 한나가 간구할 때 사무엘을 주셨습니다. 본문 1절에 "내 뿔이 여호와로 말미암아 높아졌으며"라고 했는데 뿔은 권세와 권위를 상징합니다. 한나의 권위를 남편이 높여준 것이 아니라 하나님께서 친히 높여주셨습니다. 웃음을 잃어버린 한나를 웃게 하신 하나님이 우리도 웃게 하신다는 것을 믿어야 합니다.

"그러나 주께서 내 뿔을 들소의 뿔같이 높이셨으며 내게 신선한 기름을 부으셨나이다"(시 92:10)

2. 원수의 입이 닫힌 것을 보고 만족했습니다

기도의 사람 한나를 가장 힘들게 한 사람은 브닌나였습니다. 사무엘상 1장 4절 이하에 보면 마음고생을 하는 한나를 안타깝게 여긴 남편 엘가나는 제사 드리고 나면 그에게 배당된 제물의 분깃을 한나에게는 갑절로 주어 위로하려고 했습니다. 하지만 그 사실을 알게 된 브닌나가 한나를 더 격분시켰으므로 한나는 울고 먹지 않았습니다. 브닌나는 입만 열면 한나의 마음을 뒤집어 놓았습니다. 그럴 때 한나가 찾은 것은 실로에 있는 제단이었습니다. 한나는 그곳에서 술에 취한 여인이라고 엘리 제사장에게 오해를 받을 정도로(삼상 1:14) 깊은 기도를 드렸습니다. 깊은 기도를 하면서 혼탁한 세상에 참된 복음을 전할 수 있는 일꾼을 찾고 계신 하나님의 심정을 알게 되었습니다(삼상 1:15). 하나님과 심정이 통한 한나는 하나님께 서원 기도를 드렸습니다. 아들을 주신다면 나실인으로 구별하여 하나님께 드리겠다고 했습니다(삼상 1:11).

하나님께서 한나의 기도에 응답하시므로 사무엘을 선물로 얻게 되었습니다. 그리고 그는 이렇게 찬양으로 영광 돌렸습니다. "내 입이 원수들을 향하여 크게 열렸으니 이는 내가 주의 구원으로 말미암아 기뻐함이니이다"(1절). 여기서 '내 입이 원수들을 향하여 크게 열렸다.'는 것은 다른 면에서 원수들의 입이 닫혔다는 뜻도 됩니다. 사무엘의 출생은 한나를 비난하던 원수들이 더 이상 말을 하지 못하고 입을 닫아버렸습니다. 왜냐하면 한나는 담대하게 말을 할 수 있었기 때문입니다. 이제 한나는 비난하는 자들 앞에서 당당한 자가 되었습니다. 모든 것이 하나님의 은혜입니다.

"내가 또 너의 구하지 아니한 부와 영광도 네게 주노니 네 평생에 열왕 중에 너와 같은 자가 없을 것이라"(왕상 3:13)

3. 하나님에 대한 확실한 체험을 했기에 만족했습니다

자식이 없어 서러움과 괴로움을 당하며 번민하던 한나가 기도를 통해 이 문제를 해결하려고 기도하기 시작합니다. 결국 응답을 받고 하나님에 대해 새로운 발견을 하게 됩니다. 기도 응답을 통해 만난 하나님은 과거에 지식적으로만 알아왔던 하나님이 아니었습니다. 새로운 하나님이셨습니다. 그래서 본문 2절에 이렇게 고백하며 찬양합니다. "여호와와 같이 거룩하신 이가 없으시니 이는 주 밖에 다른 이가 없고 우리 하나님 같은 반석도 없으심이니이다" 이러한 고백은 하나님을 인격적으로 만나고 하나님에 대해 확실한 체험을 한 사람만이 할 수 있는 고백입니다 '거룩하신 이가 주밖에 없다.'는 말은 '유일하다.'는 말이고, '유일하다.'는 말은 다른 신과 비교할 수 없을 만큼 현격한 차이가 있다는 말입니다.

하나님의 도우심은 우리가 도저히 상상할 수 없는 차별화된 방법입니다. 백세에 이삭을 낳은 아브라함, 홍해를 육지같이 건넌 사건, 한 번의 임신으로 원수 같은 브닌나의 입이 다물어지게 한 것, 모두 하나님께서 사용하신 특별한 방법입니다.

'우리 하나님 같은 반석도 없으심이니이다.' 라는 말은 백성을 지키는 하나님의 사랑이 너무나 대단하셔서 그 누구와도 비교할 수 없다는 말입니다. 평소에 어느 정도 하나님을 안다고 하지만 대부분 제대로 아는 것이 아닙니다. 큰 어려움이 닥치면 갑자기 그 상황 앞에서 하나님에 대해 생소해지고 답답한 현실만 보인다면 하나님을 제대로 알거나 제대로 믿은 것이 아닙니다. 기도 응답으로 만족한 삶을 살았던 한나처럼 우리도 이 땅에서 사는 동안 하나님과의 친밀함으로 인해 만족한 삶을 살아야 합니다.

"악인은 쫓아오는 자가 없어도 도망하나 의인은 사자 같이 담대하니라" (잠 28:1)

말씀 실천하기
∗ 감당할 수 없는 어려움이 찾아온다면 어떻게 해결하겠습니까?
∗ 신앙생활에 어려움을 주는 사람이 있다면 어떻게 하겠습니까?

합심 기도하기
∗ 어떤 상황에서도 웃음을 잃지 않게 하옵소서.
∗ 하나님의 방법으로 당면한 문제가 해결되게 하옵소서.

33 두 주인을 섬길 수 없습니다

본문 말씀 **마 6:19~24**

이룰 목표
▶ 그리스도인들은 항상 천국에 관심을 두고 살아야 함을 안다.
▶ 오직 하나님만이 인생의 주인임을 알고 고백하는 생활을 한다.

본문 살피기
▶ 보물을 땅에 쌓아 두지 말아야 할 이유는 무엇입니까?(19절)
▶ 보물이 있는 그곳에는 무엇도 있다고 하셨습니까?(21절)
▶ 하나님과 겸하여 섬기지 못하는 것은 무엇입니까?(24절)

소그룹예배 인도 순서

사도신경 다 같이
찬 송 288장 (통 204)
기 도 회원 중
본문 말씀 마 6:19~24
새길 말씀 마 6:24
헌금 찬송 330장 (통 370)
헌금 기도 회원 중
주기도문 다 같이

말씀 나누기

천국 시민권을 가진 그리스도인들은 이 땅에서 살아도 항상 하나님 나라에 관심을 두고 살아야 합니다. 본문은 그리스도인의 물질관에 대해서 주님이 주시는 교훈으로, 하나님의 나라와 의를 구하는 사람은 재물을 올바르게 사용해야 한다고 말씀합니다.

세상에 속한 사람은 보물을 땅에 쌓아두고 삽니다. 육신적 삶에 최상의 가치를 두고 자신의 평안과 안일만을 위해 돈을 사용하고 모읍니다. 그러나 땅에 쌓아두는 재물은 영원하지 못합니다. 그래서 예수님은 보물을 땅에 쌓아두지 말고 하늘에 쌓아두라고 하십니다. 즉, 하나님 나라는 세상의 어떤 것과도 비교할 수 없는 무한한 가치를 가지고 있기 때문에 내가 가진 모든 소유의 권한을 하나님께 이전하라는 것입니다. 자신의 육신적 기쁨보다 인생의 참 주인이신 하나님이 기뻐하는 일에 물질을 사용하라는 가르침입니다. 그리스도인으로서 세상에서 바른 물질관을 가지고 살기 위해 어떻게 해야 하는지 살펴보겠습니다.

1. 보물을 땅에 쌓아두지 않습니다

우리에게 재물이 많이 있을지라도 그 재물의 주인도 하나님이시고 주신 분도 하나님이심을 먼저 인정하며 살아야 합니다. 재물이란 인간 생활에 있어서 매우 중요한 것으로써 잘 쓰면 유익하지만, 잘못 쓰면 일만 악의 뿌리가 됩니다. 성경에는 자기를 위하여 보물을 땅에 쌓았다가 망한 사람들의 이야기가 나옵니다. 이스라엘 민족이 여리고 성을 점령하였을 때, 하나님께서는 '성 가운데 있는 물건은 여호와께 구별된 것이니 여호와의 곳간에 들이라'고 말씀하셨지만 아간은 시날산의 아름다운 외투 한 벌과, 은 이백 세겔과, 오십 세겔 되는 금덩이 하나를 훔쳐 자기를 위하여 땅에 감추어 두었습니다. 결국 재물에 욕심을 다스리지 못했던 그와 가족들은 멸망하고 말았습니다(수 7:16~26). 가룟 유다 역시 재물에 눈이 어두워져 은 30냥에 스승인 예수님을 팔고 목매달아 죽었습니다(마 27:3~5).

예수님은 "너희를 위하여 보물을 땅에 쌓아 두지 말라"(19절)고 하셨습니다. 이것은 재물을 소유하는 것 자체가 잘못되었다는 것을 말하는 것이 아니라 재물을 어떻게 활용하고 관리하느냐에 대한 우리의 태도에 관해 말씀하신 것입니다. 내 가족을 부양하는 것이나, 장래를 위한 계획을 세우는 것은 옳은 일입니다. 그러나 탐심을 갖고 탐욕을 부리는 것은 옳지 않습니다. 성도에게는 하나님이 주신 재물을 재물의 주인 되신 하나님의 뜻대로 사용하고 관리해야 할 의무가 있습니다. 자신의 유익만을 위해 재물을 사용하거나 무분별하게 탐욕으로 재물을 모으는 것은 하나님이 주신 보물을 땅에 쌓아두는 것이 됩니다.

"돈을 사랑함이 일만 악의 뿌리가 되나니 이것을 탐내는 자들은 미혹을 받아 믿음에서 떠나 많은 근심으로써 자기를 찔렀도다"(딤전 6:10)

2. 보물을 하늘에 쌓아둡니다

예수님은 "너희를 위하여 보물을 하늘에 쌓아 두라 거기는 좀이나 동록이 해하지 못하며 도둑이 구멍을 뚫지도 못하고 도둑질도 못하느니라"(20절)고 하셨습니다. 보물을 하늘에 쌓아두어야 할 이유는 하늘에 쌓아두는 보물만 영원히 남기 때문입니다. 하나님 나라와 의를 위해 사용한 재물은 영원히 하늘 창고에 저장이 됩니다. 아프리카 의료선교사로 알려진 알버트 슈바이처(Albert Schweitzer) 목사는 노벨 평화상을 받았습니다. 그런데 슈바이처는 상금으로 아프리카 병자들을 위해 병실을 지어 주었고, 오늘도 수백 명의 환자들이 그 혜택을 입고 있습니다. 하나님의 마음을 발견한 사람은 자신을 위한 길을 버리고 하나님의 뜻을 따르려고 합니다. 돈으로 하나님 나라에 들어갈 수 없습니다. 그리스도인 중에도 재물의 복을 받았다고 자랑하는 사람이 많지만, 그 재물을 하나님의 뜻대로 값있고 보람 있게 썼다는 사람은 많지 않습니다. 자신을 돌보지 않고 남을 위해 살았던 사람은 고생하고 손해 보는 것 같지만, 행복을 느끼고 가치 있는 삶을 살며 많은 사람들에게 감동을 줍니다.

"네가 이 세대에서 부한 자들을 명하여 마음을 높이지 말고 정함이 없는 재물에 소망을 두지 말고 오직 우리에게 모든 것을 후히 주사 누리게 하시는 하나님께 두며 선을 행하고 선한 사업을 많이 하고 나누어 주기를 좋아하며 너그러운 자가 되게 하라 이것이 장래에 자기를 위하여 좋을 터를 쌓아 참된 생명을 취하는 것이니라"(딤전 6:17~19)

3. 하나님을 주인으로 섬기며 살아갑니다

우리가 하늘에 보물을 쌓아야 하는 이유는 보물이 있는 곳에 우리의 마음도 있기 때문입니다. 우리의 보물을 땅에 쌓으면 우리의 마음을 세상에 빼앗기게 되지만, 우리 보물을 하늘에 쌓으면 우리의 마음이 영원한 하나님 나라에 있게 됩니다. 많은 사람들은 세상에서 성공하고 번영하면 즉시 세상에 모든 마음을 빼앗겨 버립니다. 그리고 주님을 잃어버리고 세상에 안주하여 살아가게 됩니다. 세상을 사랑하는 사람들은 결코 영원을 위해 살아가는 사람들과 함께 동역할 수 없습니다. 그래서 예수님은 "한 사람이 두 주인을 섬기지 못할 것이니 혹 이를 미워하고 저를 사랑하거나 혹 이를 중히 여기고 저를 경히 여김이라 너희가 하나님과 재물을 겸하여 섬기지 못하느니라"(24절)고 하셨습니다. 즉, 오직 하나님 한 분만이 주인이시며 사람은 하나님을 주인으로 섬기는 자임을 말씀합니다.

자신의 소유가 아무리 크고 많을지라도 하나님 나라를 발견한 사람은 기쁨으로 자신의 모든 소유의 소유권을 그리스도께 이전합니다. 그래서 오직 하나님만을 주인으로 섬깁니다.

"그러므로 땅에 있는 지체를 죽이라 곧 음란과 부정과 사욕과 악한 정욕과 탐심이니 탐심은 우상숭배니라"(골 3:5)

34 말씀에 순종하며 사는 사람

본문 말씀 **삼상 3:1~14**

이룰 목표
▶ 청지기 역할의 중요성을 안다.
▶ 가정에서의 신앙교육이 얼마나 중요한지를 안다.

본문 살피기
▶ 헌신자의 자세는 어떠해야 합니까?(3절)
▶ 여호와의 말씀이 희귀했다는 것은 어떤 의미입니까?(1절)
▶ 하나님 말씀을 듣는 자세는 어떠해야 합니까?(10절)

소그룹예배 인도 순서

사도신경 다 같이

찬　송 441장 (통 498)

기　도 회원 중

본문 말씀 삼상 3:1~14

새길 말씀 삼상 3:10

헌금 찬송 449장 (통 377)

헌금 기도 회원 중

주기도문 다 같이

말씀 나누기

이스라엘 민족은 출애굽 후 가나안 땅에 들어간 다음 열두 지파로 나뉘어서 초기 정착생활을 했습니다. 하나님께서는 이스라엘 민족을 통치하고 지도할 사사를 뽑아 이스라엘 민족의 제반 일을 담당하도록 하셨습니다.

엘리는 이스라엘 민족의 제사장으로 실로에서 하나님을 섬겼고 40년 동안 사사로도 활동했던 사람입니다(삼상 4:18). 신실하게 하나님의 일을 감당해왔던 제사장 엘리는 두 아들 홉니와 비느하스를 율법의 원칙에 따라 제사장으로 세웠지만 두 아들의 범죄로 말미암아 하나님의 징계를 받아 가정이 몰락하기에 이르렀습니다. 그 결과 엘리에게 임하던 하나님의 계시도 점점 사라지게 되었습니다. 회개가 없는 개인, 회개가 없는 가정, 회개가 없는 교회, 회개가 없는 민족은 하나님 나라가 임하지 않기 때문에 반드시 망한다는 것을 엘리의 집안을 통해 교훈 받아야 합니다.

1. 신실하게 사명을 감당하는 자에게 말씀이 임합니다

사무엘은 어머니 한나의 서원기도로 말미암아 하나님께 드려진 후 '실로'에 있는 하나님의 성전에서 살면서 엘리 제사장을 도왔습니다. 성전 등불이 꺼지기 직전까지 최선을 다해 봉사하는 사무엘에게 하나님이 나타나셨습니다(4절). 그러나 사무엘은 하나님의 음성인줄 알지 못했습니다. 본문 7절에 보면 "사무엘이 아직 여호와를 알지 못하고 여호와의 말씀은 아직 그에게 나타나지 아니한 때라"고 했는데 여기서 '아직 여호와를 알지 못했다.'라는 말씀은 아주 몰랐다는 말이 아니라 여호와 하나님을 인격적으로 만나지 못했다는 말입니다.

순수하고 천진스런 사무엘을 하나님께서 세 번씩이나 부르셨지만(4, 6, 8절) 사무엘은 제사장 엘리가 부르는 줄 알고 그 앞으로 달려갔습니다. 사무엘이 세 번씩이나 달려온 것을 본 엘리는 그제야 하나님이 사무엘에게 말씀하셨다는 것을 알아차리고 사무엘에게 당부합니다. 다시 한 번 하나님께서 부르시거든 "여호와여 말씀하옵소서 주의 종이 듣겠나이다"(9절)라고 말입니다. 결국 하나님이 밤에 사무엘에게 나타나셨고 사무엘은 엘리 제사장이 시키는 대로 할 것이라고 결심하고 잠자리에 들었습니다.

"그 후에 예수께서 나가사 레위라 하는 세리가 세관에 앉아 있는 것을

보시고 나를 따르라 하시니 그가 모든 것을 버리고 일어나 따르니라"(눅
5:27~28)

2. 온전히 순종하려는 자에게 말씀이 임합니다

사무엘은 스승이신 엘리 제사장이 알려 주신대로 다시 하나님의 음
성이 들릴 것을 기대하며 잠자리에 누웠습니다. 그날 밤 하나님은 사
무엘에게 네 번째 나타나셔서 말씀하셨습니다. 본문 10절에 보면 "여
호와께서 임하여 서서 전과 같이 사무엘아 사무엘아 부르시느니라 사
무엘이 이르되 말씀 하옵소서 주의 종이 듣겠나이다 하니"라고 기록
되어 있습니다. 여기서 "말씀 하옵소서 주의 종이 듣겠나이다"라고 한
것은 어떤 말씀을 주시든지 온전히 순종하겠다는 말입니다. 이번에는
지난번처럼 하나님의 말씀을 엘리 제사장의 말씀으로 착각하고 엘리
제사장에게로 달려가지 않고 조용히 귀를 기울여 듣고 순종하겠다는
의미가 담겨있습니다. 이렇게 온전히 순종하려는 자에게 하나님께서
말씀하십니다.

"여호와의 군대 대장이 여호수아에게 이르되 네 발에서 신을 벗으라 네
가 선 곳은 거룩하니라 하니 여호수아가 그대로 행하니라"(수 5:15)

3. 곤란하고 아픔을 주는 말씀일지라도 순종해야 합니다

하나님께서 말씀하실 때 좋은 말씀, 복된 말씀만 하시는 것이 아닙
니다. 때로는 실천하기 곤란한 말씀을 주시기도 하고, 때로는 아픔을
주는 말씀도 하십니다. 그렇지만 무슨 말씀을 주시든지 골라서 받아
들이면 안 됩니다. 무조건 받아들여야 합니다. 어린 사무엘에게 하나
님께서 첫 번째 하신 말씀은 너무나 곤란하고 망설여지는 말씀이었습

니다. 스승이신 엘리 제사장의 가문을 징계할 것인데 이제는 어떤 예배를 통해서도 속죄하지 않으시겠다는 혹독한 말씀이었습니다(삼상 3:13~14).

하나님은 우리에게 어떤 방법으로 말씀하실까요? 사무엘에게 또는 다메섹 도상에서 사울에게 말씀하시듯이 음성으로 말씀하십니다. 그리고 지혜와 계시의 영을 주셔서 알게 하십니다(엡 1:17~18). 양심을 통해서도 말씀하시고(롬 9:2), 성경 말씀을 통하여 말씀하십니다. 어떻게 말씀하시든지 듣고 순종하는 성도에게 하나님의 나라가 임합니다.

"여호와께서 이르시되 네 아들 네 사랑하는 독자 이삭을 데리고 모리아 땅으로 가서 내게 네게 일러준 한 산 거기서 그를 번제로 드리라"(창 22:2)

말씀 실천하기
＊ 지키기 힘든 말씀이 내게 주어진다면 어떻게 하겠습니까?
＊ 주님이 당신에게 헌신을 요구하신다면 어떻게 하겠습니까?

합심 기도하기
＊ 우리 교회가 말씀에 순종하는 긍동체가 되게 하옵소서.
＊ 내게 곤란하거나 아픔이 따를지라도 순종할 수 있는 믿음을 주옵소서.

35 본분을 저버리지 않는 사람

본문 말씀 **마 21:28~32**

이룰 목표
▶ 외식적인 신앙을 버린다.
▶ 하나님 나라 백성으로서의 본분을 배운다.

본문 살피기
▶ 맏아들은 아버지 말씀에 어떻게 반응했습니까?(28~29절)
▶ 둘째 아들은 아버지 말씀에 어떻게 반응했습니까?(31절)
▶ 어떤 면에서 세리와 창녀들이 하나님의 나라에 먼저 들어갈 수 있습니까?(31절)

소그룹예배 인도 순서

사도신경 다 같이
찬　　송 595장 (통 372)
기　　도 회원 중
본문 말씀 마 21:28~32
새길 말씀 마 21:31
헌금 찬송 597장 (통 378)
헌금 기도 회원 중
주기도문 다 같이

말씀 나누기

오직 복음만을 위해 헌신하신 예수님은 공생애를 마무리 짓는 단계에서 나귀새끼를 타시고 예루살렘에 입성하셨습니다. 예루살렘 입성은 스가랴 선지자가 예언한대로(슥 9:9) 예수님이 메시야로 오셔서 우리의 죄를 위해 대신 죽으신다는 것을 만방에 선포한다는 점에서 의의가 있습니다.

유월절 명절을 지키기 위해 사방에서 모여든 사람들로 인산인해를 이루고 있는 시점에서 뜻하지 않은 왕이 출현했다는 소식에 모두가 놀라며 도대체 그분의 정체가 무엇인지 알아보기 위해 소동이 일어났습니다.

성전으로 가신 예수님은 사람들을 가르치셨습니다. 영적 권세를 가지고 가르치시는 예수님의 모습에 중압감을 느낀 대제사장들과 백성의 장로들이 예수님의 '권위' 문제를 들먹이며 도대체 누가 당신에게 그런 권위를 주었느냐? 질문했습니다. 예수님은 그들이 속셈을 아시고 대답하지 않으시고 두 아들에 대한 비유를 말씀하셨습니다. 그리고 그들의 생각이 어떠한지 질문하심과 동시에 하나님 나라에 먼저 들어갈 자의 본분에 대해 말씀하셨습니다. 본문에서 말씀하시는 포도원은 우리들의 사역현장을 말하며, 포도원 주인은 하나님, 두 아들은 우리들의 모습을 비유적으로 일컫는 말씀입니다. 어떤 사람이 하나님의 뜻대로 행하는 사람인지를 구체적으로 살펴보겠습니다.

1. 외식에 빠져 살지 않습니다

포도원의 주인 되시는 하나님께서 오늘 포도원에 가서 일하라고 명령하셨을 때 맏아들은 즉시 가겠다고 대답했지만 가지 않았습니다(29절). 즉시 순종하는 것 같이 보였지만 말과 행동이 달랐습니다. 이 비유는 율법을 강조하면서 행동은 너무나 외식 적이어서 세례 요한과 예수님의 가르침을 무시하는 유대 종교지도자들에게 도전을 주며 깨우치시기 위한 질문이었습니다. 유대 종교지도자들은 맏아들과 같이 외식하는 자들이었습니다. 겉 다르고 속이 다른 자들입니다. 성경에는 여러 가지 외적 증거를 들어 이들을 폭로하고 있습니다. 위선된 인도자(마 23:13), 오히려 남들을 지옥 가도록 만드는 자(마 23:15), 욕심을 숨기는 자(마 23:15), 겉과 속이 다른 자(마 23:25), 회칠한 무덤 같은 자(마 23:27)가 그들입니다.

예수님은 외식하는 자들을 너무나 싫어하십니다. 그러므로 외식하는 자들을 향하여 하나님 나라에 들어갈 수가 없을 뿐 아니라 화가 임한다고 책망하셨습니다(마 23장). 타락한 인간은 묘한 심리를 가지고 있습니다. 자신을 스스로 방어하고자하는 '방어기제' 입니다. 자신을 방어하기 위해 취하는 행동 가운데 가장 두드러지는 행동이 '외식' 입니다. 외식이란 가면을 썼다는 의미로 본심을 드러내지 않고 가면 쓴 다른 모습을 보여주는 것이므로 외식은 심각한 죄임을 깨닫고 외식에 빠지지 말아야 합니다.

"그러므로 무엇이든지 그들이 말하는 바는 행하고 지키되 그들이 하는 행위는 본받지 말라 그들은 말만 하고 행하지 아니하며"(마 23:3)

2. 죄에 대해 깨닫고 회개합니다

둘째 아들은 아버지가 오늘 포도원에 가서 일하라고 하셨을 때 정말 가기 싫어서 거절했습니다. 무정하며 불효자 같다는 생각이 들지만 그의 내면을 들여다보게 된다면 그는 솔직한 사람이라고 할 수 있습니다.

맏아들은 자기의 속마음을 속이고 가지도 않을 것이면서 "예! 가겠습니다." 라고 대답은 했지만 결과적으로 그 대답은 대답일 뿐 순종하기 위한 대답이 아니었습니다. 그러나 둘째 아들은 아버지가 말씀하실 때 솔직한 마음을 드러내며 일하러가기 싫다고 거절했지만 내심 마음이 편하지 않았습니다. 그래서 아버지의 뜻을 저버린 것을 뉘우치고 회개하는 마음으로 포도원에 가서 일을 하고 있었습니다. 본문 30절에 "싫소이다 하였다가 그 후에 뉘우치고 갔으니"라고 기록하고 있습니다. 여기서 '뉘우친다.' 라는 말은 생각을 바꾼다는 뜻이 있습니다. 처음에는 아버지 말씀을 거역했지만 자신의 잘못된 생각이 아버지의 마음을 아프게 했다는 것을 깨닫고 생각을 바꾸었습니다. 하나님은 참된 회개를 기뻐하십니다.

"주 여호와의 말씀이니라 이스라엘 족속아 내가 너희 각 사람이 행한 대로 심판할지라 너희는 돌이켜 회개하고 모든 죄에서 떠날지어다 그리한즉 그것이 너희에게 죄악의 걸림돌이 되지 아니하리라"(겔 18:30)

3. 하나님의 말씀을 믿고 순종합니다

"세리와 창녀들이 너희보다 먼저 하나님 나라에 들어가리라"고 말씀하신 예수님은 왜 그들에게 그런 은혜가 임하게 되는지 설명하셨습니다. "요한이 의의 도로 너희에게 왔거늘 너희는 그를 믿지 아니하였으되 세리와 창녀는 믿었으며"(32절)라고 말씀하셨습니다. '요한의 의의 도'란 믿음으로 구원받아 의롭게 된다고 선포하는 복음을 말합니다. 세례 요한과 예수님이 지금까지 선포하신 복음은 믿음으로 의롭게 되는 복음입니다. 세례 요한이 전한 메시지의 핵심은 "회개하라 천국이 가까웠느니라"(마 3:2)였고, 예수님이 전하신 복음의 핵심도 "회개하라 천국이 가까이 왔느니라 하시니라"(마 4:17)였습니다.

유대인 사회에서 세리와 창녀들은 대표적인 죄인이었습니다. 즉 세리는 국민들의 혈세로 자기 배만 채우는 악덕 공무원으로서 동족의 피를 빨아먹는 매국노로 취급되어 상종하기 싫은 존재였고, 창녀는 더럽고 추한 여성으로 돌로 쳐 죽일 정도로 증오의 대상이었습니다. 이런 죄인들이 스스로 깨끗한 척 하면서 의의 복음을 받아들이지 않는 대제사장들과 백성의 장로들 보다 먼저 하나님 나라에 들어갈 것이라고 말씀하셨습니다.

믿음으로 사는 사람은 겉으로 보이는 모습에 연연하지 않습니다. 또한 죄가 발견됐을 때 즉시 회개하므로 하나님 앞에 바로 서기를 원합니다. 하나님의 말씀에는 절대적으로 순종하며 살려고 합니다. 그리스도인이 본분을 다하며 살려고 할 때 하나님의 사랑을 받습니다. 하나님 나라 백성으로서 본분을 저버리지 않도록 성령님의 인도하심에 순종하며 살아야 합니다.

"깨어 의를 행하고 죄를 짓지 말라 하나님을 알지 못하는 자가 있기에 내가 너희를 부끄럽게 하기 위하여 말하노라"(고전 15:34)

말씀 실천하기
* 긍정적인 대답보다 선행 되어야 할 것이 무엇이라고 생각합니까?
* 아니라고 대답했는데 양심이 거리낌이 있다면 어떻게 하겠습니까?

합심 기도하기
* 하나님의 말씀에 순종하며 헌신하게 하옵소서.
* 부모님께 효도하는 삶을 살게 하옵소서.

그러므로 예수께서 이르시되
하나님의 나라가 무엇과 같을까 내가 무엇으로 비교할까
마치 사람이 자기 채소밭에 갖다 심은 겨자씨 한 알 같으니 자라 나무가 되어
공중의 새들이 그 가지에 깃들였느니라
– 눅 13:18~19 –

하나님 나라는 하나님의 백성들이 갖추어야 될 신앙의 기준과
삶의 모습을 제시하므로 이 땅에서 하나님 나라를 소망하는 신앙을
가지고 힘 있게 살아갈 수 있도록 이끌어 줄 것이다.

ελεγεν δε τινι ομοια εστιν η βασιλεια
ομοια εστιν κοκκω σιναπεως ον λαβων ανθρωπ
πετεινα του ουρανου κατεσκηνωσεν εν τοις κλαδο

και παλιν ειπεν
ομοια εστιν ζυμη ην λαβουσα γυνη ενεκρυψεν εις αλ

ελ   τινι ομοια εστιν η βασιλεια
ομοια εστιν κοκκω σιναπεως ον λαβων ανθρωπος εβαλεν ε

και παλιν ειπεν
ομοια εστιν ζυμη ην λαβουσα γυνη ενεκρυψεν εις α

하나님 나라 상속

θεου και τινι ομοιωσω αυτην
κηπον εαυτου και ηυξησεν και εγενετο εις δενδρον μεγα και τα
ου

ι ομοιωσω την βασιλειαν
σατα τρια εως ου εζυμωθη ολον

θεου και τινι ομοιωσω αυτην
ν εαυτου και ηυξησεν και εγενετο εις δενδρον μεγα και τα
α του ουρανου κατεσκηνωσεν εν τοις κλαδοις αυτου
ι ομοιωσω την βασιλειαν
υ σατα τρια εως ου εζυμωθη ολον

36 하나님 나라와 성품

본문 말씀 **벧후 1:1~11**

이룰 목표
▶ 신의 성품에 참여하는 것은 하나님 나라의 삶을 살아가는 훈련임을 배운다.
▶ 신의 성품에 참여함으로 하나님 나라에 들어가는 확신을 얻도록 한다.

본문 살피기
▶ 믿음의 삶을 살아가는 우리에게 하나님이 주신 것은 무엇입니까?(3절)
▶ 우리는 무엇에 참여하는 자가 되어야 합니까?(4절)
▶ 신의 성품에 참여하고 행하면 어디에 넉넉히 들어갈 수 있습니까?(11절)

소그룹예배 인도 순서

사도신경 다 같이

찬 송 546장 (통 399)

기 도 회원 중

본문 말씀 벧후 1:1~11

새길 말씀 벧후 1:4~7

헌금 찬송 323장 (통 355)

헌금 기도 회원 중

주기도문 다 같이

말씀 나누기

천국에 들어가지 못하면 어떻게 하지? 이런 불안감이 있었던 적은 없었습니까? 자기 자신을 돌아보며, 이런 생각을 떨쳐 버리지 못하는 사람도 있을 것입니다. 믿음에 대해 확신하지 못합니다. 믿음의 삶에 대한 두려움과 불안함이 있기도 합니다. 그러나 하나님이 우리에게 주신 마음은 두려워하는 마음이 아니요 오직 능력과 사랑과 절제하는 마음이라고 바울은 말합니다(딤후 1:7).

우리는 어떻게 하나님 나라에 대한 확신을 가지고, 어떻게 상속 받을 하나님 나라의 삶을 살아갈 수 있는지 살펴보겠습니다.

1. 신의 성품에 참여하는 자는 성장하고 성숙해 갑니다

주님의 성품을 닮아가도록 더욱 힘쓸 때, 성도는 하나님 나라에 넉넉히 들어가는 확신을 얻게 됩니다(11절). 왜냐하면 자신이 변화의 삶 속에서 신앙이 성장하고 성숙하며 체험의 삶을 살기 때문입니다. 자신이 변화되는 것이야말로 세상에서 가장 큰 역사입니다. 또한 신의 성품에 참여하게 되면, 주님을 더 많이 알게 되고 열매 맺는 삶을 살게 되며(8절) 실족하지 않게 됩니다(10절).

성도는 신의 성품에 참여함으로 성품이 변화되고 이 세상에서 약속된 하나님 나라를 소망하며 합당한 삶을 살게 됩니다. 신의 성품에 참여하는 것이야말로 하나님 나라를 확신하며 상속 받는 길이며 그 나라의 삶을 사는 것입니다.

"이로써 그 보배롭고 지극히 큰 약속을 우리에게 주사 이 약속으로 말미암아 너희가 정욕 때문에 세상에서 썩어질 것을 피하여 신성한 성품에 참여하는 자가 되게 하려 하셨느니라."(벧후 1:4)

2. 성도는 신의 성품에 참여할 수 있는 특권을 소유한 사람입니다

성도가 신의 성품을 닮아가려고 노력할 때, 신의 성품을 닮게 됩니다. 어떻게 이런 일이 가능합니까? 하나님께서 그의 신기한 능력으로 생명과 경건에 속한 모든 것을 우리에게 주셨기 때문입니다(3절). 성도 자신의 힘이 아니라 하나님의 신기한 능력, 주님의 힘으로 가능하기 때문입니다. 생명과 경건에 대한 모든 것을 성도들은 소유하고 있기에 신의 성품에 참여하고 힘쓸 때 열매 맺는 놀라운 일이 있게 됩니다(8절).

이 생명과 경건에 속한 모든 것은 성도로 하여금 세상의 썩어질 것을 피할 수 있게 하며, 신의 성품에 참여하는 자가 되게 합니다(4절).

이 생명과 경건의 특권이야말로 세상을 이길 수 있는 힘임을 깨닫고, 신의 성품에 힘쓰도록 해야 합니다.

> "그의 신기한 능력으로 생명과 경건에 속한 모든 것을 우리에게 주셨으니 이는 자기의 영광과 덕으로써 우리를 부르신 이를 앎으로 말미암음이라"(벧후 1:3)

3. 신의 성품은 하나님 나라 방향과 기준을 설정해 줍니다

신성한 성품은 믿음, 덕, 지식, 절제, 인내, 경건, 형제우애, 사랑입니다. 믿음으로 시작해서 사랑으로 마무리 하는 이 8가지를 통해 성도는 하나님 나라에 사는 시민으로서 자신을 훈련해야 합니다(5절). 이는 하나님을 신뢰하는 믿음으로부터 시작합니다. 뿐만 아니라 하나님 나라도 왕이신 하나님을 신뢰하고 믿는 것으로부터 시작됩니다. 믿음으로 시작된 성품은 사랑이라는 방향을 향해 나아갑니다. 방향과 목적이 없을 때 성도는 잘못된 길로 갑니다. 바로 사랑이 성도가 지향하고 닮아가야 할 궁극적인 목적입니다.

믿음은 하나님 신뢰의 삶을, 덕은 왕인 하나님의 품격 있는 삶을, 지식은 하나님과 예수 그리스도를 아는 말씀의 삶을, 절제는 마음을 다스리는 삶을, 인내는 믿음을 지키는 삶을, 경건은 주님을 예배하며 경외하는 삶을, 형제우애는 축복하는 삶을, 사랑은 섬김과 희생의 삶을 나타냅니다.

하나님의 성품을 닮아가는 훈련에 힘씀으로 하나님 나라의 삶을 체험하며 살아가게 됩니다. 이러한 체험을 한 성도는 상속 받을 하나님 나라를 더 소망하며 삽니다. 그리고 이 세상 속에서도 하나님 나라를 생생하게 경험하며 살아갑니다.

"그러므로 너희가 더욱 힘써 너희 믿음에 덕을, 덕에 지식을, 지식에 절제를, 절제에 인내를, 인내에 경건을, 경건에 형제 우애를, 형제 우애에 사랑을 더하라"(벧후 1:5~7)

말씀 실천하기
＊ 신성한 성품을 어떻게 훈련하고 실천하겠습니까?
＊ 신성한 성품을 위해 주님과 교제하는 시간을 언제로 정하겠습니까?

합심 기도하기
＊ 믿음과 확신으로 살 수 있도록 신의 성품에 힘쓰게 하소서.
＊ 신의 성품에 참여함으로 하나님 나라의 삶을 이 땅에서도 살게 하소서.

37 하나님 나라와 거룩

본문 말씀 **고전 6:9~20**

이룸 목표 ▸ 어떤 사람이 하나님 나라를 상속받을 수 없는지를 안다.
　　　　　 ▸ 성도는 그리스도와 한 지체임을 안다.

본문 살피기 ▸ 누가 하나님 나라를 상속 받을 수 없습니까?(9절)
　　　　　　 ▸ 사람들이 불의에 빠지는 이유가 무엇입니까?(9절)
　　　　　　 ▸ 믿는 사람들은 어떤 사람들입니까?(11절)

소그룹예배 인도 순서

사도신경 다 같이

찬　송 286장 (통 218)

기　도 회원 중

본문 말씀 고전 6:9~20

새길 말씀 고전 6:19~20

헌금 찬송 435장 (통 492)

헌금 기도 회원 중

주기도문 다 같이

말씀 나누기

성도는 하나님 나라를 상속받았고 그 나라에서 영원히 사는 특권을 얻었습니다. 그런데 본문은 불의한 자가 하나님 나라를 상속받지 못한다고 알려 줍니다(9절). 그리고 고린도 교회 성도들이 이러한 불의한 자에서 예수 그리스도의 이름과 하나님의 성령으로 씻음을 받고 거룩한 사람이 되어 하나님의 나라를 상속받게 되었음을 상기시켜 줍니다(11절). 믿음으로 거룩한 자가 되어 하나님 나라를 상속받은 고린도 교회 성도들이 하나님 나라의 삶을 잃어버리지 않도록 하기 위함입니다. 본문을 통해 무엇이 불의인지, 그리고 성도가 불의하게 되면 어떻게 되는지를 살펴보도록 하겠습니다.

1. 불의한 사람들은 하나님 나라를 상속받지 못합니다

불의한 사람들은 하나님 뜻을 따라 살지 않고 사단의 미혹과 욕심대로 사는 자들입니다. 당시 고린도 교회 성도들 중 일부가 음행하는 자, 우상 숭배하는 자, 간음하는 자, 탐색하는 자(주색에 빠져 자기 몸을 맡기는 자), 남색 하는 자(동성애자), 도적이나 탐욕을 부리는 자, 술 취하는 자, 모욕하는 자, 속여 빼앗는 자 즉, 불의한 자들이었습니다(9~11절). 이 시대에도 불의한 사람들은 자기욕심과 교만에 빠져있어서 의로우신 하나님과 예수 그리스도를 받아드리지 않습니다. 오로지 사단의 미혹을 따라 죄와 욕심대로 살아갑니다. 이와 같이 불의한 사람들은 하나님 나라를 상속받을 수 없습니다.

"다만 네 고집과 회개하지 아니한 마음을 딸 진노의 날 곧 하나님의 의로우신 심판이 나타나는 그 날에 임할 진노를 네게 쌓는도다"(롬 2:5)

2. 하나님 나라를 유업으로 받기 위해서는 성도가 되어야 합니다

성도는 과거에 불의한 사람이었지만, 주 예수 그리스도의 이름과 우리 하나님의 성령 안에서 씻음을 받아 거룩함과 의롭다 함을 받았고 그로 말미암아 하나님 나라를 유업으로 받은 사람입니다. 즉, 성도는 과거 죄악 된 삶을 청산하고 이제 새로운 삶을 시작한 사람입니다. 그래서 바울은 고린도 교회 성도된 자가 성도간의 문제를 불의한 자들이 다스리는 세상 법정 송사로까지 연결시키는 잘못을 범하지 말라고 지적합니다(고전 6:1~8). 하나님 나라를 상속받지 못하는 불의한 자들의 세상으로 가지 말고, 말씀 안에서 판단할 지혜를 구해야 합니다.

부름 받은 성도들은 하나님 나라를 유업으로 받은 새사람이 되었음을 기억하며 하나님의 나라가 완성되기까지 하나님 말씀 가운데에서 살아가야 합니다. 성도답게 거룩하고 의로우신 하나님의 뜻에 순종함으로 하나님의 나라를 이루어가야 합니다. 영육 간에 자신의 욕심 대신 하나님의 뜻을 따르는 성도가 될 때, 진정한 하나님 나라의 삶을 경험하게 됩니다.

"그러나 이제는 너희가 죄로부터 해방되고 하나님께 종이 되어 거룩함에 이르는 열매를 맺었으니 그 마지막은 영생이라"(롬 6:22)

3. 성도가 된 우리는 그리스도의 지체임을 알고 살아야 합니다

'성도가 그리스도의 지체'라는 것은 그리스도와 하나가 됨을 의미합니다. 그리스도와 합하여 한 몸과 한 영이 된 것입니다(17절). 그러므로 성도는 그리스도와 하나가 되어 이 세상을 살아가야 합니다. 죄를 짓지 않도록 하되, 만약 죄를 지었을 경우에는 반드시 회개하고 다시 의의 삶으로 돌아서야 합니다. 왜냐하면, 불의와 죄는 더 이상 성도에게 맞는 옷이 아니기 때문입니다.

세상은 우리를 미혹하여 넘어뜨리려고 합니다(9절). 사도 바울은 음행을 피하라고 말합니다(18절). 우리에게 맞지 않는 옷이기 때문입니다. 그렇습니다. 성도는 거룩한 영, 성령의 전임을 언제나 잊지 말아야 합니다(19절). 성도는 값 주고 사신 주님의 것으로, 성도 자신의 것이 아님을 기억하면서, 우리의 몸으로 하나님 나라의 왕이신 하나님께 영광을 돌려야 합니다(20절).

"너희 몸은 너희가 하나님께로부터 받은바 너희 가운데 계신 성령의 전인 줄을 알지 못하느냐 너희는 너희 자신의 것이 아니라 값으로 산 것이 되었으니 그런즉 너희 몸으로 하나님께 영광을 돌리라"(고전 6:19~20)

말씀 실천하기
* 과거의 나를 청산했고, 주 안에서 새로운 삶을 살고 있음을 누구에게 전하겠습니까?
* 성령이 내 안에 계심을 알고 성령의 인도하심을 받기 위해 하루 중 언제 기도하겠습니까?

합심 기도하기
* 세상 사람들이 하나님 나라를 볼 수 있도록 거룩한 삶을 살게 하소서.
* 온 교회가 죄에서 해방되었음을 선포하며, 날마다 하나님 나라를 경험하게 하소서.

38 하나님 나라와 성령의 열매

본문 말씀 **갈 5:16~26**

이룰 목표
▶ 하나님 나라는 육체의 욕심을 가지고는 갈 수 없는 나라임을 안다.
▶ 하나님 나라는 성령의 열매를 맺으며 살아가는 곳임을 안다.

본문 살피기
▶ 우리는 누구를 따라 행동해야 합니까?(16절)
▶ 무엇이 성령을 거스르는 것입니까?(17절)
▶ 어떤 일을 하는 사람들이 하나님 나라를 유업으로 받지 못합니까?(19, 21절)

소그룹예배 인도 순서

사도신경 다 같이

찬　　송 191장 (통 427)

기　　도 회원 중

본문 말씀 갈 5:16~26

새길 말씀 갈 6:8

헌금 찬송 320장 (통 350)

헌금 기도 회원 중

주기도문 다 같이

말씀 나누기

타국이나 다른 환경에서의 삶을 동경하는 사람들이 있습니다. 선진국인 유럽이나 미국 등지에서의 삶을 꿈꾸기도 하고 따뜻한 날씨나 여유로운 시간을 찾아 동남아시아에서의 삶을 동경하기도 합니다. 누군가가 다른 나라 또는 다른 여건에서의 삶을 동경하는 것은 지금의 삶이 완전하지 못하다고 느끼기 때문일 것입니다.

그러나 우리가 믿음으로 상속받은 하나님 나라는 완전한 나라입니다. 하나님 나라는 이 세상에서 찾을 수 없는 근원적인 기쁨과 소망, 그리고 평안을 줍니다. 세상에 속한 나라는 사람들에게 본성과 욕망을 따라 경쟁에 얽매인 삶을 살도록 하기에 늘 공허와 빈궁을 느끼게 하지만, 하나님 나라는 그의 백성들에게 하나님의 통치를 통하여 사랑과 은혜가 풍성한 삶을 살도록 하고 내세의 영생을 얻도록 합니다. 성도들이 이 땅에서 하나님 나라의 풍성한 삶을 살아갈 수 있는 것은 하나님께서 보내신 성령을 통해서입니다. 성령은 성도로 하여금 아름다운 열매를 맺도록 하며 이 땅에서 하나님 나라를 경험하게 합니다. 어떻게 성령의 인도하심을 받아 하나님 나라를 완성해 가는지를 살펴보도록 하겠습니다.

1. 성도는 육체의 욕심대로 살지 않고, 성령을 따라 살아야 합니다

육체의 소욕은 성령을 거스르고 성령은 육체를 거스르기에 육체의 소욕은 성도로 하여금 이 땅에서 하나님 나라를 이루지 못하게 합니다(17절). 세상과 하나님 나라의 삶이 다른 이유는 세상은 육체적인 욕심을 따라 움직이는 나라이고 하나님 나라는 성령의 인도하심을 따라 사는 나라이기 때문입니다. 바울은 '음행, 더러운 것, 호색, 우상숭배, 주술, 원수 맺는 것, 분쟁, 시기, 분냄, 당 짓는 것, 분열, 이단, 투기, 술 취함, 방탕' 등을 육체의 소욕으로써, 육체의 소욕을 따라 사는 자는 하나님 나라를 유업으로 받지 못한다고 가르쳐 줍니다(19~21절).

육체로부터 나오는 욕심은 세상을 파멸시키고 하나님과 단절시켜서 하나님 나라에서의 사랑과 은혜, 평화와 기쁨 등을 누리지 못하도록 합니다. 이러한 현상은 세상에 속하여 사는 사람들에게 나타나는 당연한 결과입니다. 그러나 하나님은 성도들이 욕심대로 살지 않도록 거룩한 영인 성령을 주셨습니다. 육체의 욕심을 다스리고 성령을 따라 살아갈 때, 하나님 나라의 삶을 경험하게 됩니다.

"만일 우리가 성령으로 살면 또한 성령으로 행할지니 헛된 영광을 구하여 서로 노엽게 하거나 서로 투기하지 말지니라"(갈 5:25~26)

2. 육체의 정욕이 십자가에 못 박혔음을 알고 성령을 따라 살아야 합니다

성도일지라도 육신을 입은 존재이기 때문에 이 세상에 사는 동안 육신의 유혹은 끊임없이 있습니다. 이처럼 끊임없는 유혹 앞에서 성도들은 어떻게 살아야 합니까? 바울은 '그리스도 예수께 속한 사람은 육체와 함께 정욕과 탐심을 십자가에 못 박았습니다. 성령으로 삶을 얻었으니, 성령의 인도해 주심을 따라 살아야 한다.'라고 가르쳐 줍니다 (24~25절).

성도로의 부름에 응답했을 때, 우리는 이미 우리의 정욕과 탐심을 따라 살지 않고 주님의 말씀을 따라 살기로 작정한 사람임을 고백하였습니다. 따라서 성도는 생활 속에서 정욕과 탐심은 십자가에 못 박았음을 기억하며 항상 하나님의 말씀에 귀 기울이고 성령의 인도하심을 따라 살아야 합니다.

"내가 그리스도와 함께 십자가에 못 박혔나니 그런즉 이제는 내가 사는 것이 아니요 오직 내 안에 그리스도께서 사시는 것이라 이제 내가 육체 가운데 사는 것은 나를 사랑하사 나를 위하여 자기 자신을 버리신 하나님의 아들을 믿는 믿음 안에서 사는 것이라"(갈 2:20)

3. 성령을 따라 살 때 하나님 나라의 삶을 살 수 있습니다.

성령의 열매는 사랑, 희락, 화평, 오래 참음, 자비, 양선, 충성, 온유, 절제입니다(22~23). 성도는 성령을 이미 받았으며 성령이 거하시는 성전이 되었습니다(고전 6:19). 이로 인해 세상을 살아가는 동안 성령의 인도하심으로 성령의 열매를 맺습니다. 이것이 날마다 보게 될 하나님 나라입니다. 사랑과 기쁨, 평화가 넘치는 사람들, 오래 참고 자비롭고 선을 행하는 사람들, 충성스러우면서도 온유하며 절제가 넘치는 사람들, 생각만 해도 아름다운 하나님의 나라입니다.

성령의 열매를 맺기 위해서는 수고와 노력이 있어야 합니다. 농부에게 어떤 노력 없이 열매를 맺는 일은 없습니다. 마찬가지로 성령의 열매는 성령을 따라 행하며 살아갈 때 맺어지는 것입니다. 육체의 일과 함께 살아가는 사람은 결코 하나님 나라를 유업으로 받지 못합니다(21절). 이제 육체의 정욕과 탐심을 십자가의 못 박은 성도들은 약속된 나라를 바라보며 성령을 따라 살고 성령으로 행하는 사람이 되어야 합니다(25절). 이 땅에서도 성령의 인도하심과 도우심을 받아 상속 받을 하나님 나라를 체험하며 영원한 생명의 삶을 누리길 소망합니다.

"자기의 육체를 위하여 심는 자는 육체로부터 썩어질 것을 거두고 성령을 위하여 심는 자는 성령으로부터 영생을 거두리라"(갈 6:8)

말씀 실천하기
* 육체의 정욕과 탐심을 십자가에 못 박았음을 선포하고, 매일 새롭게 삶을 시작합니까?
* 성령의 열매를 맺기 위해 실천하고자 하는 일은 무엇입니까?

합심 기도하기
* 육체의 정욕과 탐심을 십자가에 못 박았음을 선포하고, 날마다 새롭게 살게 하소서.
* 성령의 열매를 맺으며 하나님 나라의 삶을 이 땅에서도 살게 하소서.

39 하나님 나라와 빛

본문 말씀 **엡 5:1~14**

이룰 목표
▶ 우상을 숭배하는 자는 하나님 나라를 얻을 수 없음을 안다.
▶ 하나님 나라 백성은 빛의 열매를 맺으며 살아야 함을 안다.

본문 살피기
▶ 성도가 언급하지 말아야 할 것은 무엇입니까?(3절)
▶ 하나님 나라를 얻지 못하는 우상 숭배자는 어떤 사람들입니까?(5절)
▶ 어떤 사람들이 하나님 나라를 기업으로 얻습니까?(8절)

소그룹예배 인도 순서

사도신경 다 같이
찬   송 428장 (통 488)
기   도 회원 중
본문 말씀 엡 5:1~14
새길 말씀 엡 5:9
헌금 찬송 505장 (통 268)
헌금 기도 회원 중
주기도문 다 같이

말씀 나누기

어린이 가족 애니메이션 영화를 보다보면, 대부분 악은 어두움으로 표현됩니다. 악의 지배를 받는 나라는 어딘가 어두우며 음산한 분위기로 연출되고 나아가 악한 나라의 왕은 검은 옷, 탐욕과 질투, 분노의 모습을 하고 있습니다. 선을 상징하는 나라는 어떻습니까? 반대로 밝고 환하며 웃음과 기쁨, 사랑과 즐거움이 넘치는 사람들을 보여 줍니다.

성도가 상속받을 하나님 나라는 어둠의 나라일까요, 아니면 빛의 나라일까요? 빛의 나라입니다. 본문도 하나님 나라를 빛의 자녀들이 들어가는 곳으로 표현해 주고 있습니다(5, 8절). 어느 것이 어두움이고, 빛의 자녀들이 맺어야 할 열매는 무엇인지를 살펴보도록 하겠습니다.

1. 어둠에 속한 사람들은 하나님 나라에서 유업을 얻을 수 없습니다

우상 숭배자들은 하나님의 나라에서 유업을 받지 못합니다(5절). 우상 숭배자들을 음행하는 자, 더러운 자, 탐하는 자라고 구체적으로 말해 주고 있습니다. 초대교회 당시, 우상을 섬기는 신전은 음란의 본거지였으며, 더러움과 탐욕이 난무한 곳이었습니다. 바울은 성도들을 빛으로 표현하면서 우상 숭배자를 어둠으로 표현합니다. 그리고 에베소교회 성도들을 향하여 "여러분이 전에는 어둠이었으나, 지금은 주 안에서 빛입니다. 빛의 자녀답게 사십시오!"라고 선포합니다(8절)

우상숭배는 넓은 의미에서 하나님의 통치를 받지 않는 모든 행위를 의미합니다. 따라서 우상을 숭배하는 어둠의 자녀들은 하나님의 통치에 순종하지 않기 때문에 당연히 하나님의 통치로 다스려지는 하나님 나라에 들어갈 수도 없고 기업을 얻을 수도 없습니다.

그런데 본문 6절에서 바울은 '성도들이 어둠에 속한 우상 숭배자들의 헛된 말에 속지 말라.'고 경고합니다. 현대에도 어둠에 속한 자들의 헛된 말과 겉모습에 속아서 많은 사람들이 어둠의 삶 속에 빠지는 경우들이 있습니다. 어둠의 자녀들은 하나님 나라를 유업으로 받을 수 없음을 기억해야 합니다. 불순종의 아들들에게는 하나님의 진노만이 임하게 됩니다(6절).

"음행과 온갖 더러운 것과 탐욕은 너희 중에서 그 이름조차도 부르지 말라 이는 성도에게 마땅한 바니라"(엡 5:3)

2. 성도는 빛의 열매를 맺으며 하나님 나라 백성답게 살아야 합니다

바울은 에베소 교회를 향하여 주님이 기뻐하시는 일이 무엇인지를 분별하라고 하면서 열매 없는 어둠과 짝하는 대신에 도리어 그 어두움을 폭로하라고 가르칩니다(10~11절). 이 말씀은 성도의 빛 된 삶으로 어두운 곳을 밝게 하라는 말씀입니다. 하나님 나라는 빛의 사람들이 사는 나라이며 성도는 빛입니다(8절). 빛은 어두운 곳을 밝게 하고 어둠을 물리칩니다(12~13절).

하나님 나라의 백성이자 빛의 자녀인 성도는 열매 없는 어둠의 일에 참여하지 말아야 합니다(11절). 빛의 자녀로서 행하고 빛의 열매를 맺어야 합니다. 빛의 열매는 무엇입니까? 모든 착함(선함)과 의로움과 진실함입니다(9절). 이 빛의 열매로 인해 하나님 나라에는 악한 것이 존재할 수 없게 됩니다.

"빛의 열매는 모든 착함과 의로움과 진실함에 있느니라"(엡 5:9)

3. 하나님 나라에 속한 성도들은 감사의 말을 해야 합니다

하나님을 본받는 자들은 우상 숭배자들의 모습과 관련된 모든 말, 즉 음행과 온갖 더러운 것과 탐욕은 그 이름조차도 부르지 말라고 합니다(3절). 우상숭배와 연계하여 더럽고 어리석으며 희롱적인 말은 성도들의 입에서 나와야 할 말이 아닙니다(4절). 특히, 헛된 말을 하는 불순종의 사람들과는 함께 하지 말고 조심해야 한다고 경고합니다(6절). 잘못된 혀는 쉬지 아니하는 악이요 죽이는 독이 가득합니다(약 3:8).

하나님 나라에 속한 성도의 입에서는 감사의 말이 나와야 합니다. 감사는 성도들을 더욱 빛나게 합니다. 하나님 나라의 기업을 상속 받는 성도들은 언어생활에서 감사가 넘쳐야 합니다. 주를 찬송하며 서로 화답하며 범사에 감사해야 합니다(19~21절). 왜냐하면, 이 찬양과 감사의 말이 성도들이 갈 하나님 나라 언어이기 때문입니다.

"시와 찬송과 신령한 노래들르 서로 화답하며 너희의 마음으로 주께 노래하며 찬송하며 범사에 우리 주 예수 그리스도의 이름으로 항상 하버지 하나님께 감사하며 그리스도를 경외함으로 피차 복종하라"(엡 5:19~21)

말씀 실천하기
* 탐욕스럽고 어리석은 말, 희롱의 말을 버리고 감사의 말을 자주 사용하겠습니까?
* 빛의 열매(모든 착함, 의로움, 진실함)를 맺도록 실천할 수 있는 선한 일은 무엇입니까?

합심 기도하기
* 탐욕스럽고 더러운 악한 말을 부르지 않도록 마음과 입술을 성령께서 다스려 주소서.
* 빛의 자녀로서 감사의 말을 하게 하시고, 빛의 열매를 맺게 하소서.

40 하나님 나라와 평등

본문 말씀 **약 2:1~9**

이룰 목표
▶ 하나님 나라는 믿음 안에서 누구에게나 열려 있음을 안다.
▶ 하나님 나라는 차별이 없는 사랑의 나라임을 안다.

본문 살피기
▶ 믿음을 가진 우리는 사람들을 어떻게 대해야 합니까?(1절)
▶ 회당에서 누구와 누구를 비교하고 있습니까?(2~4절)
▶ 성경에서 말하는 최고의 법은 무엇입니까?(8절)

소그룹예배 인도 순서

사도신경	다 같이
찬 송	499장 (통 277)
기 도	회원 중
본문 말씀	약 2:1~9
새길 말씀	약 2:1
헌금 찬송	405장 (통 458)
헌금 기도	회원 중
주기도문	다 같이

말씀 나누기

미국 사회에서 가장 큰 문제 중의 하나는 인종 차별입니다. 백인 경찰이 흑인들을 과잉으로 진압하며 죽이는 일들이 일어나고, 그 일로 폭동이 일어나기도 합니다. 한국 사회에서도 빈부격차에 따른 차별, 외국 노동자들에 대한 차별, 외국 이민자들에 대한 차별 등이 발생하고 있음을 인터넷을 통해서 쉽게 찾아 볼 수 있습니다.

그러나 하나님 나라에서는 어떠한 차별도 있을 수 없습니다. 특별히 믿음을 가진 자들은 사람들을 차별하는 죄를 짓지 말라고 말씀합니다(9절). 초대교회 당시 어떤 차별이 있었는지 살펴보겠습니다.

1. 믿음의 성도들은 사람들을 차별하는 죄를 지으면 안 됩니다

초대교회 당시 회당에서 빈부의 차이로 인해 차별이 발생하였습니다. 부자와 가난한 자가 회당에 들어왔을 때, 부자를 먼저 좋은 자리로 우대하고 가난한 자를 업신여기는 장면이 나옵니다. 그 당시 재물은 하나님이 주신 복된 것이라고 생각했었기 때문에 가난한 사람들을 차별하였습니다.

가난한 사람은 하나님 나라를 상속받지 못하고 부자는 하나님 나라를 상속받을 수 있다는 뜻이 아닙니다. 사람들을 대할 때, 외모를 보면서 편견과 선입견을 가지고 사람을 판단하고 있다는 경고의 메시지입니다. 세상은 부자를 좋은 자리에, 가난한 사람을 가장자리에 앉히며 차별하고 판단하지만 성경은 성도들이 차별하지 말아야 한다고 말합니다(1~3절). 왜냐하면 가난한 자를 업신여기는 일과 차별하는 일은 죄를 짓는 것이기 때문입니다(9절). 특히, 교회 안에서는 사람을 차별하는 일이 없어야 합니다.

"내 형제들아 영광의 주 곧 우리 주 예수 그리스도에 대한 믿음을 너희가 가졌으니 사람을 차별하여 대하지 말라"(약 2:1)

2. 누구든지 믿음 안에 있으면 하나님의 나라를 상속 받습니다

당시 성도들은 부자에 대하여 '하나님께로부터 많은 재물을 받은 축복받은 사람'이라고 생각하였기에 당연히 부자는 하나님 나라 상속자로 여겨 귀하게 대했습니다. 이에 반해 가난한 자는 천대하였습니다. 그런데 야고보는 당시 성도들의 생각이 잘못되었음을 지적합니다(6~7

절). 가난한 자라고 하나님 나라를 상속 받지 못하는 것이 아닙니다. 가난한 자라도 믿음 안에서 하나님을 사랑한다면, 그 약속의 나라를 상속 받게 됩니다(5절). 하나님 나라는 부자이건 가난한 사람이건 믿음 안에서 열려 있습니다.

성도는 예수 그리스도의 믿음을 가진 사람들입니다(1절). 그 믿음을 가진 성도는 하나님 나라를 상속 받을 뿐 아니라 하나님 나라의 삶을 살아야 합니다. 그것이 바로 외모로 사람을 판단하고 선입견과 편견으로 사람들을 차별하지 않는 것입니다.

믿음의 사람들이 다른 사람들을 업신여기거나 차별하지 말아야 하는 이유는 그들이 믿음 안에서 주님을 사랑하며 약속의 나라를 상속 받을 수 있는 자들이기 때문입니다.

> "믿음이 없어 하나님의 약속을 의심하지 않고 믿음으로 견고하여져서 하나님께 영광을 돌리며 약속하신 그것을 또한 능히 이루실 줄을 확신하였으니"(롬 4:20~21)

3. 내 몸과 같이 이웃을 사랑하는 것이 하나님 나라의 삶입니다

차별하며 업신여기는 일은 이웃 사랑하기를 내 몸과 같이 하라는 최고의 법을 어기는 일입니다(8~9절). 부자나 가난한 자나 강한 자나 약한 자 누구에게든지 외모로 판단하지 않고 대하는 것은 이웃을 내 몸과 같이 사랑하라는 법을 실천하는 것이며, 하나님 나라의 법을 지키며 살아가는 방법입니다. 이것이 믿음을 가진 성도가 사람을 차별하거나 업신여기지 말아야 되는 이유입니다(4~5절).

업신여김과 차별은 죄를 짓는 것이며 율법을 범하는 범법자가 되는 것입니다. 결코 용납되어서는 안 되는 것이 하나님 나라 안에서의 차별입니다. 어리다고 무시합니까? 능력이 없다고, 가진 것이 없다고 업신여깁니까? 약하다고 차별합니까? 성도는 이 세상에서 차별과 업신여기는 일들을 하지 말고 이웃 사랑을 실천하는 하나님 나라 백성의 삶을 살아가야 합니다.

"영혼 없는 몸이 죽은 것 같이 행함이 없는 믿음은 죽은 것이니라"(약 2:26)

말씀 실천하기
＊ 어떻게 편견과 선입관을 버리도록 하겠습니까?
＊ 존중과 격려를 위해 어떤 말을 사용하겠습니까?

합심 기도하기
＊ 편견과 선입견으로 차별하는 일들을 멈추고 존중하는 삶을 살게 하소서.
＊ 하나님 나라 백성으로 이웃 사랑을 실천하게 하소서.

41 하나님 나라와 영생

본문 말씀 **마 19:16~30**

이룰 목표
▶ 하나님 나라는 영생을 소유한 성도들이 상속받는 나라임을 안다.
▶ 영생은 믿음을 통해 얻어지는 하나님의 선물임을 안다.

본문 살피기
▶ 한 청년이 무엇을 얻기 위해 예수님께 묻습니까?(16절)
▶ 누가 천국에 들어가기가 어렵다고 합니까?(23절)
▶ 누가 하나님 나라에 들어가도록 구원할 수 있습니까?(27절)

소그룹예배 인도 순서

사도신경 다 같이
찬 송 436장 (통 493)
기 도 회원 중
본문 말씀 마 19:16~30
새길 말씀 마 19:26
헌금 찬송 91장 (통 91)
헌금 기도 회원 중
주기도문 다 같이

말씀 나누기

하나님 나라는 성도들이 장차 들어갈 미래적인 나라인 동시에 이 땅에서도 이루어가는 현세적인 나라이기도 합니다. 현세적인 하나님 나라는 하나님의 통치를 받는 곳을 의미하므로 성도는 이 땅에서도 하나님 나라의 평화와 기쁨을 누리게 됩니다. 성도들이 더 기뻐해야 할 것은 미래적인 하나님 나라에서의 영생까지도 상속받았다는 사실입니다. 영생은 주님을 믿기 시작할 때부터 갖게 되었고, 지금 현재도 소유하고 있으며, 영원히 우리의 생명이 될 것입니다. 우리에게 상속해 주신 영생을 어떻게 소유하게 되는지 자세히 살펴보겠습니다.

1. 영생은 선한 일이나 계명 준수를 통해서 얻을 수 있는 것이 아닙니다

주님을 찾아온 청년은 무슨 선한 일을 하여야 영생을 얻을 수 있는
지를 묻습니다. '하나님이 주신 계명을 지켜 행하라' 고 예수님이 말
씀하시자 청년은 '하나님의 계명을 잘 준수하였다' 고 자신 있게 대답
하며 계명 준수 외에 어떤 선한 일을 행해야 영생을 얻을 수 있는지를
묻습니다. 예수께서 '네가 가진 소유를 팔아 가난한 사람들에게 나눠
주라' 고 말씀하시자 청년은 근심하며 돌아갑니다(22~23절).

청년은 계명을 준수하면 영생을 얻을 수 있다고 생각했습니다. 또
한 '자신이 계명을 준수한 정도라면 누구에게든 뒤질 것 없으며 예수
님조차도 인정할 것' 이라고 자신만만하게 생각했습니다. 그러나 영생
은 계명 준수나 선을 행한 것으로 얻을 수 있는 것이 아닙니다. 왜냐
하면 인간의 노력으로는 하나님 의에 도달 할 수 없기 때문입니다(롬
3:23). 자신이 완벽하게 계명을 준수할 수 있다는 생각 자체가 이미
교만이며, 잘못된 자기의 의를 드러내는 것입니다. 이 땅에 완전한 사
람은 없습니다. 인간의 선한 행위나 계명 준수로는 영생에 들어갈 수
없습니다. 영생은 하나님의 영역이며, 믿음으로 말미암는 하나님의 선
물입니다.

"모든 사람이 죄를 범하였으매 하나님의 영광에 이르지 못하더니"(로마
서 3:23)

2. 세상의 재물로 영생을 얻을 수 있는 것이 아닙니다

계명을 잘 지켜왔던 이 청년은 재물이 많은 사람이었습니다(22절).

그 당시 사람들에게 '부'는 하나님께서 주시는 것으로 간주 되었습니다. 따라서 '청년이 부자이고 관원이었다는 것'은 많은 사람들이 청년을 '하나님으로부터 많은 복과 사랑을 받는 사람'으로 생각하였음을 말해 줍니다. 그런데 예수님은 부자가 하나님 나라에 들어가기는 정말 어렵다고 말씀하십니다(23~23절). '재물은 하나님께 받는 복'이라는 통념을 가졌던 제자들은 놀라지 않을 수 없었고, 그렇다면 누가 하나님 나라에 들어갈 수 있냐고 반문까지 하게 됩니다(25절).

재물 자체보다 하나님의 뜻을 따라 재물을 잘 사용하는 것이 참된 복입니다. 예수님은 부자 청년을 향해 '네가 진실로 계명을 다 준수했다면, 네 소유를 팔아 가난한 사람들에게 나누어 주고 나를 따르라'고 말씀합니다. 이것은 계명을 지키는 것이 '자신을 만족시키는 것이 아니라 하나님의 뜻을 이루는 것'임을 가르쳐 주시는 것입니다. 재물로는 영생을 얻을 수 없습니다. 영생은 믿음으로 받을 수 있으며, 재물은 하나님의 뜻을 이루기 위해 사용될 때 복이 됩니다.

"이는 세상에 있는 모든 것이 육신의 정욕과 안목의 정욕과 이생의 자랑이니 다 아버지께로부터 온 것이 아니요 세상으로부터 온 것이라"(요일 2:16)

3. 영생을 주시는 분은 오직 하나님이심을 믿고 주님을 따라야 합니다

제자들은 '하나님께 재물의 복을 받기도 하고 계명을 준수한 청년이 재물을 가난한 사람에게 나누어 주라는 명령을 지키지 못했다고 해서 영생을 얻을 수 없다면, 과연 그 누가 영생을 얻을 수 있단 말인가?'라며 몹시 놀랐습니다. 그러한 제자들을 향해 예수님은 "사람으로는 할 수 없으나 하나님으로서는 다 하실 수 있느니라"(26절)고 말씀하십니다. 인간적인 생각으로는 '낙타가 바늘구멍을 통과할 수 없는 것같이 사람이 구원받기 힘들다'고 생각하겠지만, 하나님은 인간을 절대적 기준으로 바라보지 않고 사랑과 은혜로 대하시기에 구원이 가능함을 말씀하여 주는 것입니다.

참으로 연약한 인간인 우리들에게 요구되는 것은 재물이나 절대적인 계명 준수가 아니라 하나님을 의지하며 그 분의 뜻을 따라 살아가는 것입니다. 인간이 영생을 얻는 것은 재물과 행위에 속한 것이 아니라 하나님께 속한 것입니다. 재물과 행위는 오히려 우리의 한계만을 드러냅니다. 그래서 '구원은 사람이 하는 것이 아니라 오직 하나님께서 하시는 것'임을 예수님이 말씀하셨습니다(26절). 그러므로 성도의 삶은 이미 하나님의 은혜로 상속받은 영생의 선물을 바탕으로 이 땅에서 온전히 하나님을 신뢰하며 그 분의 뜻을 따라 사는 것입니다.

"예수께서 그들을 보시며 이르시되 사람으로는 할 수 없으나 하나님으로서는 다 하실 수 있느니라"(마 19:26)

말씀 실천하기
* 주님을 의지하고 신뢰하기 위해 무엇을 하겠습니까?
* 하나님 나라의 영생을 소유하고 있음을 감사하며 누구에게 이 영생을 전하겠습니까?

합심 기도하기
* 가족, 재물 등 모든 것보다 주님이 나의 삶의 우선순위임을 고백하고 살게 하소서.
* 하나님 나라의 삶을 살아가는 구역, 기관, 교회 되게 하소서.

42 하나님 나라와 첫 사랑의 에베소 교회

본문 말씀 계 2:1~7

이룰 목표
▶ 환난 중에도 소망을 잃지 않도록 도우시는 하나님의 손길을 깨닫는다.
▶ 진리의 말씀을 지킴으로 하나님 나라에 합당한 교회를 만들어 간다.

본문 살피기
▶ 에베소 교회가 책망 받는 이유가 무엇입니까?(4절)
▶ 에베소 교회가 해야 하는 일이 무엇입니까?(5절)
▶ 이기는 자에게 주시는 상급은 무엇입니까?(7절)

소그룹예배 인도 순서

사도신경 다 같이
찬 송 84장 (통 96)
기 도 회원 중
본문 말씀 계 2:1~7
새길 말씀 계 2:4~5
헌금 찬송 336장 (통 383)
헌금 기도 회원 중
주기도문 다 같이

말씀 나누기

초대교회로부터 현대교회에 이르기까지 2천 년이라는 고난의 역사 속에서도 교회가 굳건히 세워졌습니다. 그 이유는 예수님의 보혈과 부활에 대한 믿음 그리고 주님이 세우신 교회는 반드시 승리한다는 신앙을 지켜왔기 때문입니다.

요한계시록에는 '승리'를 의미하는 단어가 17번이나 반복되고 있는데 이것은 초대교회와 성도에게 닥쳐오는 환란과 고난, 그리고 교회의 존폐위기 상황에서도 결코 염려하지 않도록, 요한에게 주신 위로와 희망의 메시지를 소아시아 일곱 교회에 전한 것임을 보여줍니다.

일곱 교회를 향한 주님의 음성을, 우리를 향한 음성으로 듣고 하나님 나라와 주님이 다시 오실 그날을 예비하는 지혜로운 신부로서의 경건이 필요합니다. 본문을 통해 가장 먼저 들려주시는 교회를 향한 주님의 음성이 무엇인지 살펴보겠습니다.

1. 예수님은 우리를 오른손으로 붙잡아 주십니다

하나님은 "이기는 그에게는 내가 하나님의 낙원에 있는 생명나무의 열매를 주어 먹게 하리라"고 말씀하십니다(7절). 여기서 '그'는 교회를 말합니다. 주님의 뜻을 따라 끝까지 믿음을 지켜 승리하는 교회 즉, 성도들에게 하나님 나라가 임한다는 말씀입니다.

"오른손에 있는 일곱 별을 붙잡고"(1절)라는 말씀은 주님이 강력한 오른손으로 교회를 붙잡고 계신다는 메시지입니다. 따라서 신앙고백이 분명하다면 교회는 무너지지 않는 정도가 아니라, 넉넉하게 승리할 수 있습니다. 그리고 영적으로 깨어 있기만 하면 오늘도 교회는 힘차게 부흥합니다. 이러한 확신이 있었기에 다윗은 하나님을 향한 절대적 믿음으로 "내가 새벽 날개를 치며 바다 끝에 가서 거주할지라도 거기서도 주의 손이 나를 인도하시며 주의 오른손이 나를 붙드시리이다"(시 139:9~10)라고 고백했습니다. 오늘날 교회들도 끝내 이김을 주시는 하나님이 우리를 오른 손으로 붙잡고 계심을 믿음의 눈으로 바라보아야 합니다.

"두려워하지 말라 내가 너와 함께 함이라 놀라지 말라 나는 네 하나님이 됨이라 내가 너를 굳세게 하리라 참으로 너를 도와주리라 참으로 나의 의로운 오른손으로 너를 붙들리라"(사 41:10)

2. 예수님은 우리의 작은 일도 알고 계시며 칭찬해 주십니다

에베소 교회를 향하여 주님이 '내가 너를 안다'(2절)라고 하신 말씀은 '내가 너를 칭찬한다.'라는 뜻으로 주님이 친히 알아주시는 인정의 표현입니다. 즉 '예수님을 위해 인내한 교회, 거짓과 맞서 싸운 교회, 게으르지 않고 열심을 다한 교회임을 안다.'라는 말씀입니다.

예수님은 우리가 하고 있는 모든 섬김과 헌신을 다 알고 계시며, 친히 인정해 주십니다. 에베소 교회의 처음 사랑은 비록 작고 미약했을지라도 참고 견디며 게으르지 아니하였다는 것을 알고 인정하신 것입니다.

우리들의 약함을 아시는 주님은 진리를 지키기 위한 영적 싸움에서 지치거나 낙심하지 말고 끝까지 이겨내라고 격려와 소망을 주십니다. 에베소 교회의 모든 봉사와 수고를 아시며 칭찬해 주시는 주님은 오늘 우리들의 헌신과 섬김도 결코 잊지 않고 기억하시며 축복하십니다.

"너희의 믿음의 역사와 사랑의 수고와 우리 주 예수 그리스도에 대한 소망의 인내를 우리 하나님 아버지 앞에서 끊임없이 기억함이니"(살전 1:3)

3. 예수님은 우리가 처음 사랑을 회복하기를 원하십니다

에베소 교회 성도들은 오직 예수님의 가르침만을 따라 믿음을 지켜 갔습니다. 악한 자들과 자칭 사도라 하는 자들의 거짓 교훈을 밝혀냈고, 다가 올 하나님 나라를 기다리며 사랑의 수고를 아끼지 않았습니다. 그런데 4절에서 그들이 처음 사랑을 버렸다고 책망합니다. 에베소 교회가 버린 처음 사랑이 구체적으로 나타나 있지 않지만, 예수님의 재림이 늦어짐으로부터 기인되는 신앙의 나태함 또는 신앙의 형식화에 대한 경종의 메시지로 보입니다.

현대 교회와 성도들도 예수님을 처음 만났던 때의 초심을 유지해야 합니다. 처음 교회에 등록했을 때의 순수하였던 마음, 세례의 감격, 임직시의 결심을 기억하라는 것입니다. 사람은 누구나 처음 마음을 잃으면 자신을 내세우게 되고, 그 부작용으로 신앙생활이 무미건조한 관습에 빠집니다. 종교생활에 익숙하게 될 때, 오히려 우리의 신앙은 성숙하지 못하게 됩니다. 주일이니까 교회에 가고, 섬겼던 자리니까 책임감도 없이 섬깁니다. 가슴에 새겨지는 말씀의 감동 없이 예배를 드리고, 아무런 도전 의식 없이 그저 자리를 지키게 됩니다. 이것이 영적 매너리즘이기에 순수했던 처음 신앙을 회복하라는 것입니다.

또한 처음 사랑은 순수성만을 의미하는 것뿐만 아니라 그 이상의 열정을 품어야 함을 담고 있습니다. 주님은 요한계시록 2장 7절에 "이기는 그에게는 내가 하나님의 낙원에 있는 생명나무의 열매를 주어 먹게 하리라"고 약속하십니다. 이처럼 우리가 처음 사랑으로 순수하게 신앙생활을 할 때, 하나님 나라의 영광을 바라는 우리의 미래는 찬란한 영광으로 보장됩니다.

"나는 선한 싸움을 싸우고 나의 달려갈 길을 마치고 믿음을 지켰으니 이제 후로는 나를 위하여 의의 면류관이 예비되었으므로 주 곧 의로우신 재판장이 그 날에 내게 주실 것이며 내게만 아니라 주의 나타나심을 사모하는 모든 자에게도니라"(딤후 4:7~8)

말씀 실천하기
* 교회가 다시 회복해야 하는 부분은 무엇입니까?
* 예수님을 처음 만났을 때의 감사와 감격으로 교회를 섬기고 있습니까?

합심 기도하기
* 우리의 마음이 처음 사랑을 회복하게 하소서.
* 예배가 감동과 도전이 되도록 영적 충만이 있게 하소서.

43 하나님 나라와 순교자의 신앙을 지킨 서머나 교회

본문 말씀 **계 2:8~11**

이룰 목표
▶ 환난 중에도 믿음을 굳게 지킨다.
▶ 서머나 교회가 칭찬을 받을 수 있었던 원인을 배운다.

본문 살피기
▶ 자칭 믿음의 사람이라고 하면서 복음을 방해하는 이들은 누구입니까?(9절)
▶ 죽기까지 신앙을 지킬 수 있는 믿음의 무기는 무엇입니까?(10절)
▶ 이기는 자에게 주시는 상급은 무엇입니까?(11절)

소그룹예배 인도 순서

사도신경 다 같이
찬　　송 338장 (통 364)
기　　도 회원 중
본문 말씀 계 2:8~11
새길 말씀 계 2:10
헌금 찬송 333장 (통 381)
헌금 기도 회원 중
주기도문 다 같이

말씀 나누기

서머나 교회는 예수님의 큰 위로와 칭찬을 받은 훌륭한 교회였습니다. 서머나는 터키의 3대 도시 중 하나로 학문과 의학의 중심 도시였으며 그러한 연고로 자존감이 굉장히 높았던 도시였습니다. 또한 황제숭배가 만연했습니다. 이러한 서머나 시민들에게 로마는 '황제숭배 증명서'를 발급해 주었습니다. 여기에 본문 해석의 중요한 실마리가 있습니다. 이 증명서는 개인의 신분을 보장할 뿐만 아니라 경제활동을 하거나 취직을 하는 등 일상적인 사회생활을 할 수 있게 했습니다. 반면에 그리스도인들은 황제를 숭배하지 않았기 때문에 로마 정부로부터 신분증을 발급받지 못하였고, 따라서 경제활동은 물론이거니와 시장이나 가게에서 물건을 구입하는 것도 어려웠던 상황이었습니다. 이런 상황에 있는 서머나 성도들에게 주님은 '너는 가난한 것이 아니라 부자'라고 말씀하십니다. 어떻게 하면 이런 신앙을 가질 수 있는지, 그리고 믿음을 지킬 수 있는지를 말씀 안에서 살펴보겠습니다.

1. 복 있는 자의 합당한 믿음을 가져야 합니다

그리스도인들은 세상에서 여러 가지 제약을 받을 때가 있습니다. 남들에 비해 가난하게 살아갈 수밖에 없을 수도 있습니다. 그러나 주님은 우리를 '부자'라고 칭하십니다. 물론 하나님이 주시는 복을 '부자'라는 단어로 한정 지을 수 없기에 오해의 소지가 있지만 하나님은 우리에게 소유를 뛰어넘는 '부유함'의 은혜로 인도하시는 것입니다.

또한 성경에 '열흘'이라는 표현은 아주 짧은 기간을 뜻합니다(창 24:55; 행 25:6). 우리가 누리게 될 영원한 삶에 비하면 현재의 고난은 아주 짧은 것이라는 의미입니다. 그러나 하나님 나라에서의 영광은 영원합니다. 그러므로 성도는 현재의 고난에서 영원한 영광으로 옮겨진다는 믿음의 안목을 갖고 현실에 타협하기보다 영원을 바라보는 믿음의 사람이 되어야 합니다. 이러한 안목과 믿음이 성도의 신앙을 지킬 수 있는 것입니다.

예수님 스스로도 십자가에 못 박혀 죽는 마지막 순간에도 하나님 아버지께서 주실 하나님 나라의 승리와 영광을 확신하셨습니다. 그래서 마지막 확신의 기도로 십자가 죽음을 마무리 하셨습니다.

"… 아버지 내 영혼을 아버지 손에 부탁하나이다 하고 이 말씀을 하신 후 숨지니라"(눅 23:46)

2. 영적인 안목을 가져야 합니다

외적인 물질의 축복을 영적인 축복과 하나님 은혜의 척도로 보는 교회가 있습니다. 또한 영적인 복을 누릴지라도 물질적인 어려움을 당하면 그것을 저주로 생각하는 교회도 있습니다. 그러나 기독교 신앙의 본질은 십자가의 길을 걷는 것입니다. 고난의 광야와 질곡의 터널을 지나야 면류관을 받을 수 있습니다. 당대에 의인으로 하나님이 인정하였던 욥도 자신의 당한 고통 가운데 이렇게 고백합니다. "내가 가는 길을 그가 아시나니 그가 나를 단련하신 후에는 내가 순금 같이 되어 나오리라"(욥 23:10)

십자가 없는 면류관은 없습니다. 명심해야 합니다. 서머나 교회 성도들은 이러한 영적인 안목을 가지고 신앙의 지조를 지킨 까닭에 둘째 사망의 해를 받지 않을 거라는 약속을 받습니다.

"육신을 따르는 자는 육신의 일을, 영을 따르는 자는 영의 일을 생각하나니 육신의 생각은 사망이요 영의 생각은 생명과 평안이니라"(롬 8:5~6)

3. 담대한 믿음을 가져야 합니다

서머나 교회는 담대한 믿음의 열매를 가지고 있었습니다. 그 대표적인 예가 바로 초대 교회사에 기록된 폴리갑입니다. 그는 서머나의 감독으로 86세에 순교를 당했습니다. 그가 화형에 처해지는 순간에 로마의 군사들도 신망이 높고 존경받는 인물이었던 그를 죽이기 싫었던 모양입니다. 그래서 "예수를 안 믿는다고 한마디만 거짓말을 하시오." 라고 회유했습니다.

그때 서머나의 위대한 감독 폴리갑은 "주님은 내가 86년을 사는 동안 단 한 번도 나를 모른다고 하신 적이 없고, 나를 배신하신 적이 없는데 내가 어떻게 주님을 모른다고 할 수가 있겠습니까? 내가 어찌 구차한 생을 살겠다고 거짓을 맡하겠소! 어서 나를 죽이시오."라는 말을 했습니다. 그리고 폴리갑은 원수를 위해 기도한 후 장작더미에 올라 장렬하게 순교했습니다.

아무리 힘들고 어렵고 내게 큰 문제가 다가온다 할지라도 절대로 주님을 배반하지 않는 이 모습이 충성스러운 사람, 신실한 사람, 믿음이 있는 사람입니다. 교회는 죽음도 두려워하지 않는 순교자들의 피 위에 세워졌습니다. 주님을 향한 충성과 죽음 앞에서도 담대한 믿음의 행보를 한 사람들의 수고로 하나님 나라가 확장되고 있습니다.

"이기기를 다투는 자마다 모든 일에 절제하나니 그들은 썩을 승리자의 관을 얻고자 하되 우리는 썩지 아니할 것을 얻고자 하노라"(고전 9:25)

말씀 실천하기
＊ 예수님으로 인해 핍박받는 부분이 있습니까?
＊ 핍박 가운데서도 신앙을 지키기 위해 노력을 하고 있습니까?

합심 기도하기
＊ 박해 중에도 신앙을 지킨 선조들과 같이 믿음으로 살게 하소서.
＊ 담대한 믿음과 신앙으로 하나님 나라를 보게 하소서.

44 하나님 나라와 승리의 약속이 있는 버가모 교회

본문 말씀 **계 2:12~17**

이룰 목표
- ▶ 신앙의 정결함으로 이루어져 가는 하나님의 나라를 생각한다.
- ▶ 정결한 신앙생활로 승리한 자에게 주실 하나님의 상급을 소망한다.

본문 살피기
- ▶ 신앙에 가장 중요한 기준은 무엇입니까?(13절)
- ▶ 빠지기 쉬운 유혹은 어떤 것이 있습니까?(14~15절)
- ▶ 이기는 자에게 주시는 상급은 무엇입니까?(17절)

소그룹예배 인도 순서

사도신경 다 같이

찬　　송 154장 (통 139)

기　　도 회원 중

본문 말씀 계 2:12~17

새길 말씀 계 2:17

헌금 찬송 246장 (통 221)

헌금 기도 회원 중

주기도문 다 같이

말씀 나누기

소아시아의 수도에 해당하는 버가모는 당시에 우상숭배의 총본부 같았습니다. 제우스와 아테네 여신의 신전 외에 뱀 모양의 의술 신전이 있었고 심지어 로마 황제 아구스도를 숭배하는 신전도 있었기에 이곳을 본문 13절은 '사탄의 권좌'라고 표현합니다. 사탄의 권좌가 있는 이러한 도시, 즉 온갖 신들과 로마 황제의 신전들이 있는 이러한 곳에 버가모 교회가 있었습니다. 버가모 교회의 충성된 증인인 안디바가 환란 속에서 죽임을 당했습니다. 교회의 지도자격인 사람이 예수 믿는 것으로 인해 죽임을 당하면 교회는 힘을 잃기 쉽습니다. 그러나 버가모 교회 성도들은 믿음을 저버리지 않았습니다. 거센 태풍 앞에서도 신앙을 지켜냈고 이를 주님이 칭찬하셨습니다. 하지만 버가모 교회는 몇 가지 문제로 주님께 책망 받기도 했습니다.

우리는 우상숭배와 음행이 난무하는 시대적 혼돈의 시기에 살고 있습니다. 실제적으로 동성애 같은 심각한 성적타락의 현장을 도심 속 축제에서 볼 수 있을 정도입니다. 뿐만 아니라 돈과 명예를 하나님보다 더 사랑하는 우상숭배의 모습을 많은 곳에서 볼 수 있습니다. 버가모 교회를 책망하시는 주님은 오늘 교회를 향해서도 책망하십니다. 이런 시대일수록 정신을 차리고 말씀 가운데 살아가야 합니다. 말씀을 통해 유혹을 이겨낼 수 있는 방법을 살펴보겠습니다.

1. 주님의 이름만을 붙잡아야 합니다

버가모 교회가 위치한 버가모는 '사탄의 권좌가 있는 데라(13절)' 라는 구절에서 유추할 수 있는 것처럼 우상숭배가 난무한 곳으로서 당시 성도들이 참된 신앙을 지켜내기 힘든 곳이었음을 알 수 있습니다. 버가모 교회 성도들은 이러한 상황에서도 주님의 이름을 붙잡고 신앙을 지켰습니다. 그 중 '충성된 증인' 이라고 소개된 한 인물이 나오는데 그는 안디바입니다. 안디바는 우상숭배를 저버리고 순교합니다. 또 다른 번역본(KJV)에서는 그를 '신실한 순교자' 라고 표현합니다.

우리가 사는 세상도 보이지 않게 사탄의 영향을 받고 있습니다. 현대를 살아가는 성도나 교회도 안디바처럼 주님의 이름만 굳게 잡고 믿음을 지켜야 합니다. 참으로 하나님을 숭배하고 있는지 아니면 돈, 권력, 쾌락 등의 세속적 우상을 숭배하고 있는지 되돌아보며 오직 참된 하나님만 섬기고 주님의 이름만 붙잡아야 합니다.

"만일 여호와를 섬기는 것이 너희에게 좋지 않게 보이거든 너희 조상들이 강 저쪽에서 섬기던 신들이든지 또는 너희가 거주하는 땅에 있는 아모리 족속의 신들이든지 너희가 섬길 자를 오늘 택하라 오직 나와 내 집은 여호와를 섬기겠노라 하니"(수 24:15)

2. 하나님 나라를 소유하기 위해서 타협하지 말아야 합니다

타협하지 않는 신앙적 결단은 결코 쉬운 일이 아닙니다. 우리가 살고 있는 이 시대는 많은 타협을 요구합니다. 여러 가지 사회적인 현실적인 상황 때문에 사업 현장이나 직장 생활 중에 타협하지 않고 살기가 어렵습니다. 그래서 성경은 신앙생활의 기준을 삼을 지침, 즉 세상과 타협하지 않는 삶에 대한 지침을 주고 있습니다.

버가모 교회는 신실한 증인 안디바가 죽임을 당하는 상황에서도 믿음을 지켰습니다. 그랬던 버가모 교회가 현실적인 문제 앞에서 타협하는 것이 있었습니다. 바로 '발람의 가르침을 따르는 자들'과 '니골라당의 가르침을 추종하는 자들'로 인한 사건이었습니다. '발람의 가르침'을 따르는 자들은 '돈' 때문에 하나님을 배반한 사람들이었습니다. 또한 '니골라당의 가르침을 추종하는 자들'은 헬라 철학자 에피쿠로스가 내세운 쾌락주의를 따라 '영혼만 깨끗하면 되지, 육체는 어떻게 살아도 괜찮다'라고 주장하는 '쾌락주의'로 현대 사이비 종교의 원조라고 볼 수 있습니다.

이처럼 세상은 '돈과 향락'으로 유혹하며 세상과 타협하도록 합니다. 그러나 주님은 우리가 현실적인 문제로 핑계를 삼는 것에 대하여 말씀의 잣대로 엄중하게 평가하시겠다고 선언하십니다. 교회 안에 우상숭배와 성적, 영적인 타락이 들어오지 못하도록 오직 하늘의 만나이며 성령의 검이 되는 말씀만을 따라 살아야 합니다. 그곳이 하나님 나라입니다.

"돈을 사랑하지 말고 있는 바를 족한 줄로 알라 그가 친히 말씀하시기를 내가 결코 너희를 버리지 아니하고 너희를 떠나지 아니하리라 하셨느니라"(히 13:5)

3. 승리의 약속을 기억해야 합니다

당시 사람들은 로마를 지배하는 것은 '힘'이라고 생각했습니다. 곧

'힘'이 정의이고 선이라고 생각했습니다. 그러나 주님은 세상과 역사를 주관하고 통치하는 것은 로마 중앙 정부의 권력과 힘이 아닌 하나님의 입에서 나오는 말씀이라고 선포하십니다. 그러므로 우리는 어떤 상황 속에도 '하나님의 말씀'으로 기준을 삼고 믿음으로 살아야 합니다.

본문 17절에 '감추었던 만나'는 하나님 나라에서의 풍성한 축복을 의미합니다. 타협하지 않는 삶으로 인해 우리가 손해 본 것에 대해 하나님께서 친히 갚아 주신다는 보장입니다. 그리고 '흰 돌 위에 새 이름을 기록해 준다.'는 것은 승리자가 누리는 명예를 뜻합니다. 하나님은 우리가 신앙생활에서 승리자가 되기를 원하십니다. 그래서 요한계시록 결론에서는 승리를 이룬 이러한 성도들을 '흰옷 입은 자'라고 높여 주며 칭찬하십니다. 현실적인 문제 앞에서 말씀대로 신앙생활을 한다는 것은 어려울 수도 있습니다. 특별히 가까운 사람, 사랑하는 사람이 세상과 타협하라고 부추길 수도 있습니다. 하지만 세상과 타협하지 않고 사는 자녀에게는 하나님 나라의 영광이 준비되어 있습니다.

"하나님의 말씀은 살아 있고 활력이 있어 좌우에 날선 어떤 검보다도 예리하여 혼과 영과 및 관절과 골수를 찔러 쪼개기까지 하며 또 마음의 생각과 뜻을 판단하나니 지으신 것이 하나도 그 앞에 나타나지 않음이 없고 우리의 결산을 받으실 이의 눈앞에 만물이 벌거벗은 것 같이 드러나느니라"(히 4:12~13)

말씀 실천하기
＊ 이 정도는 괜찮다고 생각하며 타협하는 모습은 없습니까?
＊ 신앙의 기준이 되는 하나님 말씀을 규칙적으로 읽고 있습니까?

합심 기도하기
＊ 타락한 세상 가운데 말씀을 붙잡고 승리하는 교회가 되게 하소서.
＊ 날마다 영적으로 성장하는 교회와 성도가 되게 하소서.

45 하나님 나라와 믿음을 끝까지 지킨 두아디라 교회

본문 말씀 **계 2:18~29**

이룰 목표
▶ 말씀이 기초가 되어 날마다 성장하는 교회가 된다.
▶ 신앙의 위기를 오히려 주님이 주시는 영적 성장의 기회로 삼는다.

본문 살피기
▶ 두아디라 교회가 칭찬 받은 무엇입니까?(19절)
▶ 주님은 무엇을 책망하셨습니까?(20~21절)
▶ 이기는 자에게 주시는 상급은 무엇입니까?(26절)

소그룹예배 인도 순서

사도신경 다 같이

찬 송 382장 (통 432)

기 도 회원 중

본문 말씀 계 2:18~29

새길 말씀 계 2:19

헌금 찬송 586장 (통 521)

헌금 기도 회원 중

주기도문 다 같이

말씀 나누기

두아디라는 청동과 도기산업, 피혁산업 및 의류산업이 활발한 상업도시였습니다. 사도행전 16장에 등장하는 루디아가 바로 이곳 출신으로 자색옷감 장사로 소개됩니다. 이 도시에서 상공업자들이 길드라는 조직을 만들고 운영하는데 이 조직 안에서 그리스도인들의 문제가 발생합니다. 길드에서 1년에 몇 차례씩 신전에 가서 함께 제사를 지냈습니다. 그리고 제사를 지낸 이후에 함께 먹었습니다. 이처럼 하나님과 우상을 함께 경배하는 행위를 했습니다. 이렇게 행음하는 이들의 행동을 주님은 책망하십니다. 지금도 그리스도인을 넘어뜨리려는 사단의 전략은 '이 정도쯤이야' 라는 생각을 심어줍니다.

그러므로 우리는 늘 말씀의 거울 앞에 서서 분별해야 합니다. 예수님은 이러한 문제에 대해 일곱 교회 중에서 작은 교회인 두아디라 교회를 향해 긴 내용의 환상을 요한에게 보여주십니다. 본문 말씀을 통해 성도가 가져야 하는 분별력이 무엇인지 살펴보겠습니다.

1. 알면서 묵인하는 것은 죄입니다

본문에 등장하는 '이세벨'은 구약시대 바알 우상을 숭배하며 이스라엘 민족을 타락으로 이끈 악한 여인을 상징합니다(왕상 16:31). 우상 숭배를 하도록 이끈 이세벨처럼 두아디라 교회에 영향력을 미치는 '자칭 선지자라 하는 여자'에 대해 주님이 책망합니다. 왜냐하면 황제를 주로 고백하지 않으면 생업이 어려운 상황에 처한 교인들에게 '자칭 선지자라 하는 여자'들이 "네가 황제에게 절한다고 신앙을 버리는 것 아니다. 우상에게 바쳐진 것을 먹는다고 신앙을 버리는 것이 아니다."라는 잘못된 가르침으로 하나님만을 섬기는 신앙을 버리게 하고, 하나님과 우상을 함께 섬기도록 했기 때문입니다. 즉 두아디라 교회 안에 있는 혼합주의 신앙을 책망하셨습니다.

우리 주변에도 이와 비슷한 그리스도인들이 많습니다. 사업 성취와 목표 달성을 위해 신앙적인 양심을 무시하고 세상과 타협하며 살아갑니다. 또한 자신만이 아니라 그릇된 행위를 하는 사람에게도 눈을 감아주거나 방치함으로 타락을 부추깁니다. 이러한 우상 숭배와 부패함을 방치한다면 교회도 온전한 신앙을 유지하기 어려울 뿐만 아니라 타락함으로 다음 세대들의 영적 행음은 더욱 확대될 것입니다. 엄하게 경계하시고 책망하시는 주님의 음성에 귀를 기울여야 합니다.

"영혼 없는 몸이 죽은 것 같이 행함이 없는 믿음은 죽은 것이니라"(약 2:26)

2. 주님의 경고를 기억해야 합니다

예수님은 부도덕과 건전하지 못한 행위에 대해 매우 단호하게 책망하십니다. 즉 하나님이 기뻐하지 않으시는 방법으로 이룬 것이라면 가차 없이 심판하시겠다는 경고의 메시지를 기억해야 합니다.

그들을 향한 하나님의 심판은 첫째, '침상에 던진다.'는 표현으로 병들어 눕게 하신다는 뜻입니다. 둘째, '큰 환난 가운데 던진다.'는 것은 경영하는 일들이 계획대로 진행되지 못한다는 뜻이며, 셋째, '사망으로 그 자녀들을 죽인다.'는 것은 그가 부정하게 벌어 놓은 재산이나 기업이 그의 자녀에게 가지 못하도록 하신다는 뜻으로 타락한 돈으로 자녀를 축복하지 않으신다는 의미입니다.

"수의에는 주머니가 없다."라는 말이 있습니다. 아무리 많은 재산을 축척해 놓아도 하나님이 지키시지 않으시면 한 순간에 물거품으로 끝나 버립니다. 그러므로 우리 그리스도인들은 바른 믿음과 바른 신앙을 끝까지 지키며 살아가야 합니다. 비록 타락하고 부패한 세상이라도 우리가 올곧은 신앙으로 끝까지 지키는 이유는 이런 사람을 통하여 주님은 하나님 나라의 소망을 보이시고 이루시기 때문입니다.

"집 하인이 두 주인을 섬길 수 없나니 혹 이를 미워하고 저를 사랑하거나 혹 이를 중히 여기고 저를 경히 여길 것임이니라 너희는 하나님과 재물을 겸하여 섬길 수 없느니라"(눅 16:13)

3. 바른 신앙을 지켜야 합니다

요한계시록에서 2장 18절에서만 단 한 번 예수님을 '하나님의 아들'로 표현합니다. 당시 최고의 신인 제우스에게는 아폴로라는 아들이 있었습니다. 이 두아디라 사람들의 종교적 상상과 인식 속에는 '제우스의 아들 아폴로가 물질적 풍요를 준다.'라는 이해가 있었습니다. 즉 아폴로를 도시에 번영과 풍요를 주는 신으로 숭상했습니다. 그래서 성경은 이 도시뿐만 아니라 천지만물의 주재는 제우스의 아들 아폴로가 아닌 하나님의 아들 예수님임을 말씀하려는 의도로 예수님을 '하나님의 아들' 이라고 기록했습니다.

두아디라 교회에는 타락한 세상을 본받지 않은 자들이 남아 있었습니다. 주님께서 남은 자들을 통하여 주님의 재림의 때, 하나님 나라의 소망을 굳게 잡게 하십니다. 26절에 '끝까지 버티는 자' 에게 반드시 보상해 주신다는 약속과 28절에 '새벽 별' 이신 예수님께로 이끌어 주신다고 약속하십니다.

예수님은 두아디라 교회 성도들을 칭찬하시고 격려해 주셨듯이 우리에게도 승리하는 신앙을 요구하십니다. 믿음을 지키며 살아가는 것이 쉬운 일은 아닙니다. 하지만 할 수 있습니다. 그리고 그 끝에는 예수님이 약속하신 큰 상급이 있기에 바른 믿음과 바른 신앙으로 하나님 나라를 소망하며 인내함으로 승리하는 신앙이 되어야 합니다.

"우리가 시작할 때에 확신한 것을 끝까지 견고히 잡고 있으면 그리스도와 함께 참여한 자가 되리라"(히 3:14)

말씀 실천하기
* 죄를 묵인하고 있지는 않습니까? 있다면 어떻게 하겠습니까?
* 바른 신앙을 유지하기 위해 결단해야 할 것은 무엇입니까?

합심 기도하기
* 타협의 유혹과 핍박 가운데 믿음을 지키며 살게 하소서.
* 말씀 안에서 깨어 기도하는 믿음이 가정이 되게 하소서

46 하나님 나라와 사데 교회의 살아있는 신앙생활

본문 말씀 계 3:1~6

이룰 목표
▶ 나의 신앙이 행함 없는 죽은 신앙인지, 아니면 행하는 산 신앙인지 점검한다.
▶ 신앙생활에서 부족한 부분을 알고 보완한다.

본문 살피기
▶ 하나님은 사데 교회의 어떤 점을 책망하십니까?(1절)
▶ 돌이켜 회개함으로 새롭게 될 부분은 무엇입니까?(2절)
▶ 이기는 자에게 주시는 상급은 무엇입니까?(5절)

소그룹예배 인도 순서

사도신경 다 같이
찬　　송 250장 (통 182)
기　　도 회원 중
본문 말씀 계 3:1~6
새길 말씀 계 3:2
헌금 찬송 450장 (통 376)
헌금 기도 회원 중
주기도문 다 같이

말씀 나누기

　본문은 사데 교회의 이야기이지만 현대 교회에도 해당되는 이야기입니다. 다른 교회와는 달리 환난이나 핍박이 없었던 사데 교회는 도성 자체가 지정학적으로 천혜의 요새에 해당하는 난공불락의 도시에 세워졌습니다. 도시의 삼면이 450m의 절벽으로 되어 있어 모든 시민이 안전하게 살았고 농산물이 풍부하며 사금까지 채취되는 곳으로 아시아 최초로 금속화폐인 동전이 주조된 금융도시였습니다. 그러므로 자원이 풍부한 사데 지역은 강대국들의 침입으로 전쟁이 끊이지 않았습니다. 풍요 속에 살지만 늘 전쟁 속에 살았습니다. 돈은 많아지고 잘 살게 되었지만 채울 수 없는 공허감을 종교에 대한 관심으로 향했고 그 안에 복음이 들어가 사데 교회가 번창하게 되었습니다.

번창한 사데 교회가 겉으로 보기에는 문제가 없어 보이는 완벽한 교회이었으나, 내면으로는 '죽은 교회'와 같았기에 주님은 그들에게 내실 없는 껍데기 신앙이 아닌 늘 깨어 있으라는 도전의 말씀을 주셨습니다. 어떻게 해야 내면이 충실한 교회로 하나님 나라를 소망하며 살아갈 수 있을지 살펴보겠습니다.

1. 껍데기 신앙을 버려야 합니다

신앙생활을 하다보면 자신도 모르는 사이에 형식주의와 매너리즘에 빠질 수 있습니다. 신앙의 열매는 없고 보여주는 행사에만 치중하는 껍데기 신앙이 됩니다. "너가 살았다 하는 이름은 가졌으나 실상은 죽은 자로다"(계 3:1)라는 말씀에서 '이름'은 '평판'이라는 뜻입니다. 나의 신앙생활에 대한 주변의 평판은 어떨까요? 부끄럽지 않은 살아있는 신앙생활을 해야 합니다.

2절에 "온전한 것을 찾지 못하였노니"라는 말씀은 '속이 비어 있다.'라는 뜻으로 '조개껍질'처럼 비어 있다는 의미입니다. 즉 속빈 강정처럼 내용이 없는 것을 말합니다. 이는 껍데기만 붙잡고 있는 사데 교회를 가리킵니다. 겉으로는 활기차고 사람도 많이 모여 살아 있는 교회처럼 보일 수 있지만 그 내면은 죽어 있다는 것입니다. 즉 현상적인 것만 보면 교회가 올바르게 성장하는 것 같아 보이지만 성령 없이 드리는 예배, 껍데기 신앙, 생명이 없는 교회입니다. 하나님은 이러한 외형적 형식주의 사데 교회를 책망하셨습니다. 그러므로 물질주의와 외형주의를 따르는 교회가 아닌 예수님의 마음을 닮아 낮은 데까지 찾아가는 섬김과 기도가 있는 교회가 되어야 합니다.

"그러므로 형제들아 내가 하나님의 모든 자비하심으로 너희를 권하노니 너희 몸을 하나님이 기뻐하시는 거룩한 산 제물로 드리라 이는 너희가 드릴 영적 예배니라"(롬 12:1)

2. 죽은 신앙에서 산 신앙으로 바꿔야 합니다

우리가 어느 순간부터 열정을 가지고 헌신했던 과거의 이야기만 하거나 혹은, 새벽마다 먼 길을 걸어 예배드리러 다녔던 과거 지향적인 이야기만 하고 있다면 이것은 죽어가고 있는 신앙을 보여주는 현상이기도 합니다. 또한 세상과 타협하는 신앙, 습관적인 신앙, 기계적으로 봉사하는 것도 죽은 신앙입니다.

그러나 예수님은 우리에게 아직도 남아있는 영적인 불씨를 되살리기 원하십니다. 본문에 등장하는 예수님은 '하나님의 일곱 영'을 가진 분이십니다. 즉 생기 넘치는 성령님을 가리키는 것으로 죽어가는 영성을 살아나게 하시고, 회복해 주시고, 소생시켜 주십니다. 그러므로 말씀되신 예수님과 성령님의 도우심이 있으면 산 신앙으로 살 수 있습니다. 더 이상 머뭇거리지 말고 영적 방심에서 각성하여 죽은 신앙을 회개하고 살아있는 신앙으로 돌이키는 결단이 있어야 합니다.

"고난 당한 것이 내게 유익이라 이로 말미암아 내가 주의 율례들을 배우게 되었나이다"(시 119:71)

3. 약속을 붙잡고 살아야 합니다

시대가 아무리 어두워도 여전히 남아 있는 경건한 신자들은 어느 때나 존재했습니다. 엘리야 시대는 칠천 명이나 되는 경건한 성도들이 이스라엘 곳곳에 남아 있었습니다(왕상 19:18). 예수님도 주님과 동행하는 '경건한 남은 자들'이 있음을 상기시켜 주십니다(4절). 여기에 나타난 '나와 함께 다닌다.'라는 말은 고대 왕이 가장 신임하는 측근 신하들이 왕과 함께 궁전 뜰을 거니는 특전을 누리는 것에서 비롯된 표현입니다. 즉 예수님은 신앙을 지킨 이름을 생명책에서 지워 버리지 않을 것이며, 하나님 아버지 앞과 천사들 앞에서 시인할 것이라고 우리에게 말씀하십니다.

고난 속에서도 신앙고백을 버리지 않고 하나님을 인정하고 높이면, 하나님도 그 이름을 천하 만민 앞에서 높여주시겠다는 가슴 벅찬 약속을 주셨습니다(마 10:32; 눅 12:8). 예수님은 자녀 된 우리가 이 약속을 붙잡고 살기를 바라십니다. 그곳에 하나님 나라가 임합니다.

"누구든지 사람 앞에서 나를 시인하면 나도 하늘에 계신 내 아버지 앞에서 그를 시인할 것이요 누구든지 사람 앞에서 나를 부인하면 나도 하늘에 계신 내 아버지 앞에서 그를 부인하리라"(마 10:32~33)

말씀 실천하기
* 형식적인 신앙생활에서 벗어나기 위해 어떤 노력을 하겠습니까?
* 예배와 교회 생활을 새롭게 하기 위해 어떤 부분을 회복하겠습니까?

합심 기도하기
* 형식적인 예배가 아닌 온전히 드리는 예배가 되게 하소서.
* 주님과 동행하는 삶이 될 수 있도록 말씀을 사모하게 하소서.

47 하나님 나라와 하늘 문이 열리는 빌라델비아 교회

본문 말씀 **계 3:7~13**

이룰 목표	▶ 어떤 믿음의 자세를 가져야 칭찬받는 교회가 되는지 마음에 새긴다.
	▶ 유혹을 이길 수 있는 방법을 안다.
본문 살피기	▶ 하나님의 말씀을 지키며 배반하지 않는 비결은 무엇입니까?(8절)
	▶ 시험을 이기는 믿음은 무엇을 지킨 결과입니까?(10절)
	▶ 면류관을 빼앗기지 않는 방법은 무엇입니까?(11절)

소그룹예배 인도 순서

사도신경	다 같이
찬 송	546장 (통 399)
기 도	회원 중
본문 말씀	계 3:7~13
새길 말씀	계 3:8
헌금 찬송	597장 (통 378)
헌금 기도	회원 중
주기도문	다 같이

말씀 나누기

빌라델비아 교회는 로마와 아시아를 연결하는 관문으로 '작은 아테네'라고 불릴 만큼 우상숭배가 성행하는 도시에 있었습니다. 이러한 도시적 상황으로 올바른 신앙생활을 하기 어려웠던 빌라델비아 교회는 소아시아에서 역사가 짧은 교회였습니다. 또한 웅장한 건물이 있거나 재산이 많지 않았으며 교세도 크지 않았습니다. 이러한 여러 가지 악조건에도 불구하고 말씀을 붙잡고 인내한 빌라델비아 교회는 칭찬을 받았습니다.

하나님이 인정하시는 교회는 건물의 크기

나, 교인의 숫자, 조직에 있지 않습니다. 오직 하나님의 말씀에 능력이 있기에 하나님의 교회는 작은 것으로도 큰 역사를 이룹니다. 구원자 되신 예수님 이름을 고백한 교회만이 하나님의 역사를 이루고, 하나님의 칭찬을 받는 교회가 될 수 있음을 말씀을 통해 살펴보겠습니다.

1. 은혜의 문으로 들어가야 합니다

예수님은 이 땅에 교회를 세우시고 은혜의 문을 활짝 열어 주십니다. 누구든지 또 언제든지 은혜의 보좌 앞으로 담대히 나갈 수 있도록 우리 인생의 난관 가운데 열어 두신 문이 있습니다. 하나님이 열어 주신 문으로 들어가면 위기가 기회로, 슬픔이 기쁨으로, 불리함이 유리함으로, 걸림돌이 디딤돌로, 역풍조차 순풍으로 바뀌는 역사가 일어납니다.

빌라델비아 교회가 작은 능력을 가지고도 하나님의 말씀을 지키며, 주의 이름을 배반하지 아니한 신앙적 태도가 하나님의 은혜를 입는 비결이며, 은혜의 문으로 들어간 것입니다. 이 은혜의 문을 들어갈 때 칭찬과 영원한 생명이 있습니다. 예수님은 주님의 이름으로 구하는 것을 이루어 주신다고 약속하시며, 열린 은혜의 문을 지금도 열어 두셨습니다.

"내 이름으로 무엇이든지 내게 구하면 내가 행하리라"(요 14:14)

2. 능력의 문으로 들어가야 합니다

때때로 부족한 지식과 재산, 능력 때문에 비교의식이나 열등감에 빠져서 자포자기하는 경우가 많습니다. 그러나 세상을 이기고 하나님 나라를 이루는 방법은 우리의 재력이나 실력에 있지 않고, 믿음의 능력으로 가능하다는 것을 기억해야 합니다.

빌라델비아 교회는 많은 시험을 이기고 믿음을 지켰습니다. 외적으로는 로마 황제를 숭배해야 하는 강요가 있었고, 내적으로는 유대인들의 공격이었습니다. 당시 유대인들은 예수님을 메시아로 인정하지 않았으며 예수님 믿는 성도들을 핍박했습니다. 하지만 빌라델비아 교회는 작은 능력을 가지고서도 믿음을 지키는 승리자가 되었습니다.

실제로 빌라델비아 교회는 주변 도시가 모두 회교화 된 상황에서도 1393년까지 기독교 도시로 남아 있었습니다. 그 당시는 박해 중이었으므로 말씀을 떠나 배반할 수밖에 없는 수많은 유혹과 상황이 벌어졌습니다. 그러나 빌라델비아 교인들은 이런 어려움 중에서도 인내하며 끝까지 믿음을 지켰으며 배반하지 않았습니다. 오직 능력되시는 예수님만 붙잡았습니다. 예수님과 함께 할 때 예수님의 놀라운 능력이 나타납니다.

"… 진실로 너희에게 이르노니 만일 너희에게 믿음이 겨자씨 한 알 만큼만 있어도 이 산을 명하여 여기서 저기로 옮겨지라 하면 옮겨질 것이요 또 너희가 못할 것이 없으리라"(마 17:20)

3. 인내의 문으로 들어가야 합니다

빌라델비아 교회에는 끊임없이 유대인들의 거짓 유혹이 있었습니다. 그들을 사탄의 회당이라고 했습니다. 그들의 유혹을 빌라델비아 교회는 말씀에 바로 서서 이겨냈습니다. 그리고 주님께서는 이기는 자들에게 '시험의 때를 면하게' 해준다고 약속하셨습니다. 세상 마지막 때에 예고되어 있는 많은 환란에서 면하게 해주시겠다는 말씀이며, 환란 중에서 하나님의 보호하심이 있을 것을 말합니다. 또한 하나님의 이름과 새 예루살렘의 이름 그리고 그리스도의 새 이름을 성도들 위에 기록할 것이라고 했습니다.

빌라델비아 지역의 교회가 사탄의 회당으로 칭하는 거짓 유대인들로 인해 거짓과 모욕과 조롱을 당하지만 주님께서 친히 그들을 교회 앞에 무릎을 꿇게 함으로 교회를 향한 주님의 열렬한 사랑을 다시 한 번 확인시켜 주시겠다고 약속하셨습니다.

오늘날의 그리스도인들에게도 마찬가지입니다. 외적인 핍박과 어려움이 있습니다. 또한 내적인 거짓 유혹도 있습니다. 성도들이 이런 시험에서 이길 수 있는 방법은 오직 말씀에 굳게 서서 끝까지 인내하는 것입니다. 약한 힘을 갖고 있지만 주의 말씀을 붙잡고 끝까지 믿음과 신앙의 고백을 잃지 않는 사람에게 하나님은 이기게 하시고 하나님 나라의 주인공이 되는 선물을 주십니다.

"또 너희가 내 이름으로 말미암아 모든 사람에게 미움을 받을 것이나 끝까지 견디는 자는 구원을 받으리라"(막 13:13)

말씀 실천하기
* 시험에서 이기기 위해 어떤 결단을 하겠습니까?
* 직장과 가정에 은혜의 문이 열리도록 늘 깨어 기도하겠습니까?

합심 기도하기
* 하나님과의 관계에서 막힌 문이 없도록 깨어 있게 하소서.
* 많은 유혹이 있을지라도 예수님으로 승리하게 하소서.

48 하나님 나라와 열심 있는 라오디게아 교회

본문 말씀 **계 3:14~22**

이룰 목표
▶ 말세지말이라고 하는 시대적 혼란기에 필요한 영적 각성을 한다.
▶ 갈팡질팡하는 연약함 가운데 신앙적 결단을 위한 선택이 무엇인지 안다.

본문 살피기
▶ 하나님은 라오디게아 교회의 어떤 면을 책망하십니까?(15절)
▶ 책망 받는 라오디게아 교회가 받을 징벌은 무엇입니까?(16절)
▶ 이기는 자에게 주시는 상급은 무엇입니까?(21절)

소그룹예배 인도 순서

사도신경 다 같이
찬 송 445장 (통 502)
기 도 회원 중
본문 말씀 계 3:14~22
새길 말씀 계 3:20
헌금 찬송 580장 (통 371)
헌금 기도 회원 중
주기도문 다 같이

말씀 나누기

라오디게아 교회는 오늘날 온천으로 유명한 터키의 '파무칼레'라는 관광지에 위치합니다. 당시 이곳은 터키의 맨하튼이라고 할 수 있는 금융 도시이며, 부유한 중상층이 많기 때문에 부족함을 몰랐습니다. AD 17년 대지진 후 주변 지역이 전부 무너져 모든 도시들이 중앙 정부격인 로마의 지원을 받았는데 이 도시만은 사양했을 정도로 부유했으며, 안약 제조 지역으로 유명한 도시였습니다. 그런데 이 도시에는 물이 절대 부족해 생활용수와 식수를 끌어와 사용했습니다. 히에라 폴리스에서 끌어오는 뜨거운 물인 생활용수는 중간에 석회석과 섞이면서 미지근해지고 게다가 먹으면 구토가 났다고 합니다. 이것은 라오디게아 교회의 영적 상태와 같았습니다. 이런 라오디게아 교회에 향해 주님이 어떤 말씀을 하시는지 살펴보겠습니다.

1. 주님을 향한 눈을 떠야 합니다

신앙생활을 하다보면 자신도 모르는 사이에 형식주의와 매너리즘에 빠집니다. 모든 것이 풍부하지만 오히려 무능하게 보이는 라오디게아 교회를 향한 책망은 현대 교회에 향한 주님의 책망처럼 들립니다. 라오디게아 교회에 보낸 편지에서 '나는 부자라 풍족해 부족한 것이 하나도 없다고 하나 너는 자신이 비참하고 불쌍하고 가난하고 눈멀고 벌거벗은 사람임을 알지 못한다.'(17절)고 말씀하면서 '안약을 사서 눈에 발라 보게 하라.'는 말씀으로 영적 무지를 깨우칩니다. 외적으로는 가난함이나 벌거벗음, 보지 못하는 것을 걱정할 필요가 없는 것 같았으나 주님 보시기에 라오디게아 교회는 영적으로 가난했고, 헐벗었고, 한치 앞도 못 보는 상태였습니다. 현대 교회도 이와 같은 모습이 많습니다. 외적인 풍요가 주님을 향한 눈을 가리게 합니다. 창조의 근원이신 주님이 우리를 연단하시고 씻기시며 다시 눈을 뜨게 하시겠다고 말씀하십니다. 즉 반드시 우리를 주님의 자녀답게 만드시겠다는 마음입니다. 그러므로 사랑이 많으신 주님께로 영안을 뜨고 지체 없이 돌아가야 합니다. 다시 주님 앞에 엎드려 회개하고 열심을 내야 합니다.

"주께서 그 사랑하시는 자를 징계하시고 그가 받아들이시는 아들마다 채찍질하심이라 하였으니"(히 12:6)

2. 열심을 품고 주를 섬겨야 합니다

라오디게아는 재정이 풍부하다보니 인근 도시로부터 물을 끌어왔습니다. 하나는 히에라 폴리스에서 온천수를 끌어왔고, 또 하나는 골로

새에서 생수를 수입해 왔습니다. 그런데 약 10km 정도의 수도관을 통해서 물이 흘러오다보니 뜨거운 온천수가 열이 식어 미지근해졌고, 골로새의 좋은 생수도 여름철이 되면 수도관이 뜨거워져서 시원한 생수가 미지근해졌기에 그 물들은 목적에 따라 사용하기 힘들 정도였으며 마시다 보면 토할 정도였다고 합니다. 이 물과 같은 라오디게아 교회 성도들을 향해 주님이 책망하십니다.

우리의 모습도 진지하게 돌아봐야 합니다. "차든지 뜨겁든지 하라"는 말씀은 분명한 행동과 결정에 대한 요구입니다. 라오디게아 교회는 아킵보라는 사람이 세웠습니다. 처음에는 굉장한 열심으로 교회를 세웠으나 시간이 갈수록 열정이 식어갔습니다. 나중에는 냉담한 지도자가 되었습니다(골 4:17). 그래서 하나님은 에바브라를 새로운 지도자로 세웠습니다. 이처럼 하나님은 열정이 식은 자를 사용하지 않으시고, 열정이 있는 자를 사용하십니다. 하나님께 큰 그릇으로 쓰임 받았던 사도 바울은 "부지런하여 게으르지 말고 열심을 품고 주를 섬기라"(롬 12:11)고 호소합니다.

"그는 자기를 세우신 이에게 신실하시기를 모세가 하나님의 온 집에서 한 것과 같이 하셨으니"(히 3:2)

3. 주님의 신부임을 기억해야 합니다

라오디게아 교회는 겉으로는 큰 잘못이 드러나지 않았습니다. 정확히 이단에 빠진 것도 아니고, 도덕적으로 타락하지도 않았기 때문에 외형상으로 별 문제가 없는 것처럼 보였습니다. 그런데 자세히 관찰해 보면 그들에게 심각한 문제가 있었습니다. 그것은 신앙의 내면이 텅 비어 있는 것입니다. 그들은 육신에 속한 채로 살았고, 현실에만 머물러 있었습니다. 안일주의자로 살면서 자아도취에 빠져 성령 없이 살고 있었던 것입니다(17절). 영혼이 비어 있는 자로 살았던 그들은 육신에 속한 신자의 전형적인 모습을 보여줍니다.

그러한 라오디게아 교회를 향해 주님은 사랑으로 책망하십니다(19절). 이것은 회개하고 열정 있는 바른 신앙으로 돌아오라는 것입니다. 본문 20절에 "볼지어다 내가 문 밖에 서서 두드리노니 누구든지 내 음성을 듣고 문을 열면 내가 그에게로 들어가 그와 더불어 먹고 그는 나와 더불어 먹으리라"고 말씀하십니다. 예수님은 신부를 사랑하는 신랑의 마음으로 간절하게 호소하십니다. 문을 두드리십니다.

사랑하는 사람이 결혼하여 사는 것처럼 예수님은 우리와 함께 사시길 원하십니다. 즉 예수님은 신랑이고 우리는 신부임을 말씀하시면서 이제 신랑에게 열중하라고 말씀하십니다. 그리고 "이기는 그에게는 내가 내 보좌에 함께 앉게 하여 주기를 내가 이기고 아버지 보좌에 함께 앉은 것과 같이 하리라"(21절)고 약속하십니다.

주님은 일곱 교회를 향한 일곱 번의 메시지에서 단 한번도 '완전한 자가 복을 받는다'고 말씀하시지 않으십니다. 대신 '이기는 그에게는 내가 이런 상을 주리라. 이런 복을 주리라.'고 말씀하십니다. 마지막 때를 사는 우리는 하나님 나라의 백성으로서 주실 복을 사모하며 말씀 안에서 살아야 합니다.

"육체의 연단은 약간의 유익이 있으나 경건은 범사에 유익하니 금생과 내생에 약속이 있느니라"(딤전 4:8)

말씀 실천하기
* 주님과 교제하며 살아가는 것을 방해하는 것이 있습니까?
* 열심을 품고 주를 섬기고자 할 때 필요한 것은 무엇입니까?

합심 기도하기
* 믿음의 능력을 믿으며 주님께 기도하게 하소서.
* 내 주변에 있는 지치고, 낙망한 사람들을 위로하는 일에 열심을 품게 하소서.

하나님 나라는 하나님의 백성들이 갖추어야 될 신앙의 기준과
삶의 모습을 제시하므로 이 땅에서 하나님 나라를 소망하는 신앙을
가지고 힘 있게 살아갈 수 있도록 이끌어 줄 것이다.

ελεγεν δε τινι ομοια εστιν η βασιλεια
ομοια εστιν κοκκω σιναπεως ον λαβων ανθρωπ
πετεινα του ουρανου κατεσκηνωσεν εν τοις κλαδο

και παλιν ειπε
ομοια εστιν ζυμη ην λαβουσα γυνη ενεκρυψεν εις αλ
ε τινι ομοια εστιν η βασιλεια
ομοια εστιν κοκκω σιναπεως ον λαβων ανθρωπος εβαλεν

και παλιν ειπεν
ομοια εστιν ζυμη ην λαβουσα γυνη ενεκρυψεν εις α

절기

PART 5

θεου και τινι ομοιωσω αυτην

εαυτου και ηυξησεν και εγενετο εις δενδρον μεγα και τα
ου

ομοιωσω την βασιλειαν

σατα τρια εως ου εζυμωθη ολον

θεου και τινι ομοιωσω αυτην
εαυτου και ηυξησεν και εγενετο εις δενδρον μεγα και τα
α του ουρανου κατεσκηνωσεν εν τοις κλαδοις αυτου

ομοιωσω την βασιλειαν

σατα τρια εως ου εζυμωθη ολον

49 예수님의 부활이 주는 능력

본문 말씀 **막 16:1~8**

이룰 목표
▸ 죽음을 이기신 주님을 바라보며 부활의 능력을 안다.
▸ 부활하신 주님을 바라보며 하나님 나라 비전을 갖는다.

본문 살피기
▸ 예수님의 장례를 위해 향품을 준비한 사람들은 누구입니까?(1절)
▸ 향품을 준비한 사람들은 무덤으로 가며 무엇을 걱정했습니까?(3절)
▸ 부활하신 예수님이 어디로 먼저 가신다고 하셨습니까?(7절)

소그룹예배 인도 순서

사도신경 다 같이
찬　송 165장 (통 155)
기　도 회원 중
본문 말씀 막 16:1~8
새길 말씀 막 16:6
헌금 찬송 161장 (통 159)
헌금 기도 회원 중
주기도문 다 같이

말씀 나누기

안식 후 첫날 예수님의 무덤을 찾아가는 여인들의 모습은 처절하기만 했습니다. 절망과 허탈감이 여인들의 발걸음을 붙잡았으며 마음은 천근만근 무겁기만 했습니다. 그러나 부활의 소식을 접한 여인들은 두려움과 기쁨이 뒤섞이는 희열을 맛보며 승리의 쾌감에 젖어들었습니다. 그리고 빨리 부활의 소식을 전하기 위해 발걸음을 재촉하게 되었습니다.

주님의 부활로 인해 주어지는 복을 온몸으로 체험하며 기쁨을 느꼈던 은혜가 무엇인지 살펴보겠습니다.

1. 부활은 기쁨으로 고통을 이겨나갈 수 있도록 합니다

어두운 새벽 부활을 알지 못하고 무덤을 찾아가는 여인들의 모습은 슬픔과 탄식뿐이었습니다. 그들의 발걸음은 무거웠으며 자신들의 앞에 있는 문제에 대해 아무런 해결책이 없었습니다. 그저 "누가 우리를 위하여 무덤의 돌을 굴려줄까?'하며 탄식하는 것이 전부였습니다. 사실 여인들의 탄식소리는 우리 인류 모두의 소리입니다. 죄로 인해 에덴에서 추방당한 인류의 탄식입니다. 무덤 앞에서 어쩔 수 없는 우리의 모습, 누구도 그 무덤의 문을 열고 헤쳐 나올 수 없기에 그저 바라봐야만 하는 그래서 슬픔이요, 울음일 수밖에 없는 것이 현실입니다.

예수님이 십자가를 지고 골고다로 가셨을 때 예루살렘 여인들은 슬피 울었습니다. 슬피 울었던 이유는 무엇일까요? 그것은 죽음은 종말이고, 고통이었기 때문입니다. 그러나 그들이 무덤에 갔을 때 무덤의 돌은 이미 굴러져 있었습니다. 그것은 주님이 부활하셨기 때문입니다. 그래서 두려움과 슬픔, 눈물 대신, 웃음과 감격, 기쁨을 가지고 세상을 향해 나아갈 수 있는 것입니다. 이것이 부활의 은혜입니다.

"그 여자들이 무서움과 큰 기쁨으로 빨리 무덤을 떠나 제자들에게 알리려고 달음질할새"(마28:8)

2. 부활은 담대한 믿음으로 살아가게 합니다

모든 사람들이 가장 무서워하는 것 그것은 죽음이었습니다. "모든 길이 로마로 통하듯 인생의 길은 모두 다 무덤으로 통한다."고 에밀 부르너가 말한 것처럼 죽음은 누구도 피할 수 없기에 두려워 할 수밖에 없습니다. 그러나 예수님은 부활하심으로 죽음에 대한 기존의 가치관을 바꾸어 놓으셨습니다. 예수님의 부활은 죽음이라는 것이 공포와 두려움이 대상이 아니라, 부활을 경험하는 과정에 불과하다는 것을 보여주었습니다. 마치 산모들이 분만의 고통을 알면서도 그것을 기꺼이 감수하는 이유는 그 이후에 이어질 새 생명의 탄생에 대한 기대와 환희가 있기 때문입니다. 그와 마찬가지로 죽음 이후에 이어질 영원한 세계로 들어가는 부활에 대한 기대와 환희가 죽음의 고통을 능히 이기게 합니다.

제자들이 예수님의 부활을 목격한 다음에 일어난 변화가 바로 죽음을 두려워하지 않는다는 것입니다. 주님이 십자가에 못 박힐 때는 죽음이 그렇게도 두려워 모두 도망쳤지만 부활하신 주님을 경험하고 난 후 그들은 죽음의 위협 앞에 당당히 맞서 '무엇이 옳은가 판단하라'고 말하였으며, 돌에 맞으면서도 '저희의 죄를 용서 하옵소서'라고 기도할 수 있었습니다. 그러기에 부활하신 주님의 소식을 듣고, 부활하신 주님의 은총을 입은 여인들은 달려갔고, 주님이 부활하셨다고 힘껏 외쳤습니다. 또한 제자들은 그 감격 속에 자신들을 죽이려는 세력 앞에 오히려 웃을 수 있었습니다.

"우리가 사방으로 우겨쌈을 당하여도 싸이지 아니하며 답답한 일을 당하여도 낙심하지 아니하며 박해를 받아도 버린 바 되지 아니하며 거꾸러뜨림을 당하여도 망하지 아니하고"(고후 4:8~9)

3. 부활은 하나님 나라 비전을 갖게 합니다

부활은 이 땅에 사는 사람들이 갖고 있는 죽음에 대한 두려움을 극복하게 했습니다. 이것은 하나님의 은총이고, 능력입니다. 다시 말하면 예수님은 부활하심으로 죽음을 이기셨습니다. 그래서 우리는 부활을 찬양하고 감사하는 것입니다. 또한 죽음의 문제를 극복하게 한 부활은 이 세상 속에서 불의와 악은 결코 하나님의 의를 이기지 못한다는 사실을 깨닫게 하였습니다.

예수님이 십자가에 못 박힌 모습을 보고, "성전을 헐고 사흘에 짓는 자여 네가 만일 하나님의 아들이어든 자기를 구원하고 십자가에서 내려오라, 그가 남은 구원하였으되 자기는 구원할 수 없도다 그가 이스라엘의 왕이로다 지금 십자가에서 내려올지어다 그리하면 우리가 믿겠노라"(마 27:40~42)고 했습니다. 이처럼 주님은 종교지도자들의 조롱과 멸시를 받으며 죽으셨습니다. 이렇게 불의가 정의를 이기고, 선을 십자가에 못 박고, 악이 오히려 개선가를 부르며 어둠이 빛을 삼켜버리는 것 같았습니다.

그러기에 여인들은 누가 우리를 위하여 이 무덤의 돌을 옮겨 줄까? 하는 탄식의 노래 밖에 할 수가 없었지만, 부활의 아침은 오고야 말았습니다. 그래서 불의와 악이 이긴 것이 아니라 하나님의 의가 이겼다는 것을 외치고 있었습니다. 또한 주님의 부활은 우리에게 본향을 향하는 비전을 가지게 하였습니다. 주님이 다시 부활하심으로 우리의 삶은 끝이 아니라 하나님의 나라, 주님이 가신 영원한 세계가 있다는 사실을 두 눈으로 선명하게 보며 살아가게 하신 것입니다.

"천사가 여자들에게 말하여 이르되 너희는 무서워하지 말라 십자가에 못 박히신 예수를 너희가 찾는 줄을 내가 아노라 그가 여기 계시지 않고 그가 말씀 하시던 대로 살아나셨느니라 와서 그가 누우셨던 곳을 보라"(마 28:5~6)

말씀 실천하기

* 부활의 신앙을 본받아 담대히 생활하겠습니까?
* 부활하신 예수님을 누구에게 전하겠습니까?

합심 기도하기

* 부활의 신앙으로 모든 고난과 어려움도 이겨나가게 하소서.
* 부활의 복음을 전하며 하나님 나라의 비전을 품게 하소서.

50 첫 정성을 드리는 맥추절

본문 말씀 신 16:9~12

이룰 목표
- ▶ 맥추절의 의미를 바르게 배운다.
- ▶ 맥추절을 어떻게 지켜야 하는지를 배운다.

본문 살피기
- ▶ 일곱 주를 의미하는 맥추절의 다른 이름은 무엇입니까?(9절)
- ▶ 하나님께서 복을 주신대로 자원하여 무엇을 드리라고 하였습니까?(10절)
- ▶ 어디에서 종 되었던 것을 기억하라고 하셨습니까?(12절)

소그룹예배 인도 순서

사도신경 다 같이

찬 송 587장 (통 306)

기 도 회원 중

본문 말씀 신 16:9~12

새길 말씀 잠 3:9

헌금 찬송 591장 (통 310)

헌금 기도 회원 중

주기도문 다 같이

말씀 나누기

하나님께서는 모든 남자는 매년 세 번씩 여호와께 보이라고 말씀하시며(출 23:17) 절기를 지키라고 하셨습니다. 이렇게 이스라엘 백성이 지키는 3대 절기는 유월절, 맥추절, 초막절입니다. 유월절은 이스라엘 백성이 애굽에서 열 번째 재앙에서 벗어난 것을 기념하여 드리는 절기이며 수장절이라고도 하는 초막절은 한 해의 추수를 마치고 창고에 저장한 후 들판에 천막을 치고 일주일을 기거하면서 지난 광야생활 40년 동안을 지켜주신 하나님의 은혜에 감사하는 절기입니다. 그리고 맥추절은 이스라엘 백성이 가나안 땅에 들어가서 처음 추수한 곡식을 가지고 감사하며 드렸던 절기로 맥추절의 의미와 어떻게 지켜야 되는지 살펴보겠습니다.

1. 감사하며 지키는 절기입니다

하나님께서는 첫 곡식을 거둔 것을 감사함으로 드리라고 말씀하십니다(출 23:16). 또한 소산물의 처음 익은 열매로 여호와를 공경하라(잠 3:9)고 말씀하십니다. 이렇게 맥추절은 감사로 하나님을 섬기는 절기입니다. 이스라엘 백성은 첫 곡식과 열매로 하나님께 제사드릴 때 감사드릴 수밖에 없었습니다. 그것은 지난날의 역사에서 찾아볼 수 있습니다. 첫 번째는 애굽의 노예생활에서 구원받은 것입니다. 400년 동안의 힘든 노역과 학대로 얼룩진 노예생활에서 하나님은 모세를 통하여 이스라엘 백성을 이끌어 내시고 하나님의 백성으로 불러주셨습니다. 두 번째는 척박한 광야에서 40년 동안 구름기둥과 불기둥으로 지켜주시고 만나와 메추라기로 먹여주시고 보호해 주셨습니다. 세 번째는 가나안 땅을 정복하게 하시고 그 땅에서 농사짓고 살아갈 수 있도록 하신 것입니다. 그 사실 때문에 이스라엘 백성은 하나님의 명령에 따라 첫 수확으로 거두어들인 곡식(보리)을 드릴 때 감사와 감격이 있을 수밖에 없었습니다. 이러한 감사함으로 드리는 절기가 맥추절입니다.

"맥추절을 지키라 이는 네가 수고하여 밭에 뿌린 것의 첫 열매를 거둠이니라"(출 23:16)

2. 회개하며 지키는 절기입니다

맥추절은 다른 말로 '오순절'이라고도 합니다. 이는 유월절로부터 50일째 되는 날에 지켜지는 절기이기 때문입니다. 또한 이날은 성령께서 강림하셔서 교회를 세우신 날로, 구속의 은혜를 땅 끝까지 전파할 수 있도록 역사하셨던 날입니다. 그리고 이날에 성령께서 베드로를 통하여 3,000명이 회개하고 예수님을 영접하게 한 날이기도 합니다(행 2:41).

레위기 23장 19절에 "또 숫염소 하나로 속죄제를 드리며 일 년 된 어린 숫양 두 마리를 화목제물로 드릴 것이요"라고 하였습니다. 이처럼 맥추절에는 하나님의 속죄의 은혜가 있습니다. 이것은 감사와 감격으로만 드리는 감사절이 아니라, 자신을 돌아보아 하나님 앞에 죄를 회개하면 용서하시는 은혜와 복이 있는 절기입니다. 따라서 하나님의 은혜를 생각하며 하나님보다 더 사랑한 것이 있는지 살펴보면서 회개해야 합니다. 또한 이웃과 불화를 겪는 것이 있다면 화목하기 위해 먼저 회개하고, 용서하며 지켜야 합니다.

"사랑은 여기 있으니 우리가 하나님을 사랑한 것이 아니요 하나님이 우리를 사랑하사 우리 죄를 속하기 위하여 화목 제물로 그 아들을 보내셨음이라"(요일 4:10)

3. 화목한 절기로 지켜야 합니다

맥추절은 많은 의미가 있습니다. 첫 번째는 가나안 땅에서 농사지으며 처음으로 수확한 보리와 밀을 가지고 하나님께 감사하며 지키는 절기입니다. 이때는 하나님께서 복을 주신 대로 헤아려 자원하는 예물을 드리라고 하셨습니다(10절). 이처럼 맥추절은 하나님께서 주신 복을 누리며 기쁨으로 지키는 절기입니다. 두 번째는 자신을 돌아보아 범죄 한 것을 회개하며 지키는 절기입니다(레 23:19). 하나님과의 바른 관계 회복을 통해 하나님이 주시는 복을 받아 누릴 수 있도록 하는 것입니다.

세 번째는 어려운 이웃들과 같이 화목하고 즐거워하는 것이 맥추절입니다. 11절에 "너와 네 자녀와 노비와 네 성중에 있는 레위인과 및 너희 중에 있는 객과 고아와 과부가 함께 네 하나님 여호와 앞에서 즐거워하라"고 말씀하십니다. 이들은 스스로의 힘으로 먹고 살기 힘든 사람들입니다. 그런데 이들과 함께 즐거워하라고 말씀하고 계십니다. 이처럼 어려운 이웃과 화목할 수 있는 것은 지난날을 잊지 않는 것입니다. 그래서 하나님께서는 "애굽에서 종 되었던 것을 기억하라"(12절)고 하십니다. 이와 같이 온 교회가 소외되고 어려운 이웃들과 함께 즐거워하고 기뻐할 수 있는 감사절이 되어야 합니다.

"내 사랑하는 형제들아 들을지어다 하나님이 세상에서 가난한 자를 택하사 믿음에 부요하게 하시고 또 자기를 사랑하는 자들에게 약속하신 나라를 상속으로 받게 하지 아니하셨느냐 "(약 2:5)

말씀 실천하기
* 감사하는 마음으로 맥추절의 의미를 실천하겠습니까?
* 맥추절의 기쁨과 감사를 누구와 나누겠습니까?

합심 기도하기
* 기쁨과 감사를 이웃들과 함께 나눌 수 있도록 하여 주소서.
* 하나님이 주신 복과 은혜에 감사하며 헌신하게 하소서.

51 영혼을 추수하자!

본문 말씀 **마 9:35~38**

이룰 목표
▶ 추수 감사절은 구원 받은 은혜를 감사하는 절기임을 안다.
▶ 생업의 소득뿐 아니라, 영혼구원을 위한 헌신을 통해 감사를 배운다.

본문 살피기
▶ 예수님의 관심은 어디에 있으십니까?(마 4:23, 9:35절)
▶ 지금 우리가 들어야 하는 음성은 무엇입니까?(37절)
▶ 어떤 기도와 헌신이 필요합니까?(38절)

소그룹예배 인도 순서

사도신경 다 같이
찬　　송 495장 (통 271)
기　　도 회원 중
본문 말씀 마 9:35~38
새길 말씀 눅 10:2
헌금 찬송 496장 (통 260)
헌금 기도 회원 중
주기도문 다 같이

말씀 나누기

'추수감사절'이 성경적인 근거가 아닌 어떤 특정한 나라의 전통과 관습에 따라 지나치게 부각시키거나 연례적인 행사로 인해 감사절기의 진정한 의미가 묻히거나 퇴색되어서는 안 됩니다. 성경으로 돌아가서 성경에 나타난 추수감사 절기를 근거로 하나님께 영광과 감사를 드려야 합니다. 무엇보다도 영혼을 사랑하시는 예수님의 심정으로 이웃을 사랑하고 섬기는 영혼의 추수를 위한 영적인 축제 절기가 되려면 어떻게 해야 하는지 살펴보겠습니다.

1. 하나님께 진정한 예배를 회복하는 추수감사절이 되어야 합니다

추수감사절은 이스라엘 백성들이 광야에서 40년 동안 장막에서 살았던 것을 기념하는 절기(초막절)이며 예수님께서도 세상에 계실 때에 지키신 절기입니다.(요7:1-24) 이 절기를 바르게 지키기 위해서는 먼저, 사람을 기쁘게 하고 즐겁게 하는 것이 아니라 하나님을 위한 추수감사절이 되어야 합니다. 두 번째는 한 해를 돌아보며 하나님의 은혜에 감격하는 헌신이 있어야 합니다. 세 번째, 예배의 회복을 통하여 영혼 깊은 곳에서 신령과 진정으로 감사하는 예배를 드릴 뿐만 아니라, 모든 성도들에게 가르쳐 지키도록 해야 합니다. 네 번째, 참관자가 아닌 예배자로 하나님을 만나야 합니다.

교회의 상황과 형편에 따라 모든 성도가 예배 자가 될 수 있도록 기도하며 지혜를 구해야 합니다. 이런 추수감사 예배를 목회자와 성도들이 함께 만들어 갈 때, 모두는 신령과 진정으로 예배를 드릴 수 있습니다. 여기에 예배의 회복과 감사가 있습니다.

"... 주의 의로운 일이 나타났으매 만국이 와서 주께 경배 하리이다"(계 15:4)

2. 디아코니아로(기독교사회봉사) 이웃과 함께 하는 섬김의 열매를 드려야 합니다

추수감사절에는 예수님께 받은 아가페 사랑을 교회 안에만 머물게 하지 말고 이웃에게 실천해야 합니다. 한국 교회는 선교 130여 년을 넘긴 노년의 원숙한 교회여야 하지만 아직도 초기 선교사들의 아가페 사랑인 이타적 사랑을 실천했던 디아코니아 수준을 넘지 못하는 것 같습니다. 이는 디아코노스(섬기는 자)로 오신 예수님 앞에서 부끄럽고 안타까운 일입니다. 선교와 디아코니아를 이용하여 부흥의 성과를 이룬 교회들 가운데도 선교와 디아코니아를 교회부흥의 방법이나 도구 정도로 이용하기도 합니다. 이제 한국 교회의 디아코니아는 어떤 수단과 방법과 목적을 뛰어넘어야 합니다.

이런 진정한 소금과 빛 된 아가페 사랑을 실천한다면 세상도 감동할 것이며 세상 사람들도 교회 공동체 안으로 들어오게 될 것입니다. 이런 교회가 된다면 교회를 향하여 갖고 있던 비난과 질타를 내려놓고 박수를 칠 것입니다. 예수 그리스도는 '섬기는 분으로' '디아코노스'로 이 땅에 진정한 하나님 나라를 전파하셨습니다.

추수감사절은 우리들만의 잔치가 아닌 예배와 감사의 영적인 동력을 온 세상과 함께하는 디아코니아를 확산하는 계기가 되어야 합니다.

"인자가 온 것은 섬김을 받으려 함이 아니라 도리어 섬기려 하고 자기 목숨을 많은 사람의 대속물로 주려 함이니라"(마 20:28)

3. 영혼을 추수하여 하나님께로 나가는 추수감사절이 되어야 합니다

우리의 신앙과 삶이 예배를 회복하고 이웃 사랑을 실천한다면 반드시 열매는 맺습니다. 일 년 동안 기도하며 복음을 전하였던 사람들을 초청한다면 영적인 추수감사의 열매가 될 것입니다. 복음으로 영혼을 추수하여 하나님께 드리는 열매보다 더 큰 추수는 없을 것입니다. 감사가 있는 예배를 통하여 감사의 영성을 회복하고, 인간애나 우리의 의가 아닌 아가페 사랑의 꽃인 디아코니아를 통해 이웃을 섬길 때에 많은 영혼의 추수가 가능할 것입니다. 우리만 즐겁고 유익한 일이 아닌 하나님이 기뻐하시는 일을 통하여 하나님께서는 일하십니다.

예수님은 이미 구원 받은 우리들에게 "일꾼들을 보내 주소서"라는 기도를 하라고 말씀 하십니다. 뿐만 아니라 추수할 일꾼으로 우리를 부르시고 계십니다.

희어져 추수를 기다리는 두리들을 보면서 주님이 불쌍히 여기신 것처럼 우리도 불쌍히 여기는 마음으로 기도해야 합니다. 그리고 이제는 "주여 나를 보내 주소서!"라고 헌신하며 담대히 전해야 합니다.

이번 추수감사절은 교회의 본질인 예배를 회복하고, 초대 교회와 한국 초기 교회처럼 디아코니아적 교회로 거듭나며, 하나님 나라 확장을 위한 거룩한 도구가 되어 영혼을 추수하는 영적인 추수감사절이 되어야 합니다.

"그러므로 추수하는 주인에게 청하여 추수할 일꾼들을 보내 주소서 하라 하시니라"(마 9:38)

말씀 실천하기

* 감사함으로 예배를 드리고 있습니까?
* 아가페 사랑으로 이웃을 돌보며 섬기고 있습니까?

합심 기도하기

* 주님께 인도할 영혼을 위해 서로 중보기도 하게 하소서.
* 한국 교회와 이웃을 돌아보는 감사절이 되게 하소서.

52 성탄절의 참된 의미는?

본문 말씀 **마 2:1~12**

이룰 목표 ▶ 온 인류에게 가장 귀한 선물은 예수그리스도의 성탄임을 배운다.
　　　　　 ▶ 성탄절의 의미를 모르는 세상에 성탄의 소식을 전한다.

본문 살피기 ▶ 성탄절에 먼저 해야 할 일은 무엇입니까?(2절)
　　　　　　 ▶ 우리가 경배 드리는 예수님은 어떤 분입니까?(6절)
　　　　　　 ▶ 박사들이 드린 세 가지 예물은 무엇입니까?(11절)

소그룹예배 인도 순서

사도신경 다 같이

찬　　송 123장 (통 123)

기　　도 회원 중

본문 말씀 마 2:1~12

새길 말씀 마 1:23

헌금 찬송 96장 (통 94)

헌금 기도 회원 중

주기도문 다 같이

말씀 나누기

　성탄절은 우리에게 어떤 의미를 주나요? 많은 사람들이 성탄절에 크고 작은 선물을 받았던 어린 시절의 기억이 있습니다. 그러다 보니 어른이 되고 성도가 된 후에도 성탄절에는 교회나 혹은 지인들로부터 선물을 받고 싶어 하고 선물을 받는 것을 자연스럽게 여기기도 합니다. 그러나 잠시만 묵상해 보면 우리 성도들은 말로 형용할 수 없는 값지고 귀한 선물인 예수님을 구원의 선물로 이미 받았음을 알 수 있습니다. 그렇다면, 이제는 성탄절에 예수님께 경배와 감사예물을 동방박사들처럼 드려야 하지 않을까요?

1. 성탄절의 참된 의미는 예수님께 경배를 드리는 것입니다

동방으로부터 온 별을 연구하던 동방 박사들은 예수님께 경배하기 위해 먼 길을 왔습니다. 박사들은 연구하는 일도 중요했지만 경배 드리는 것이 최우선이었고 소중한 일이었기에, 그들은 어려움과 고통이 따르는 먼 길임에도 왔습니다. 이와 같이 성도들도 성탄절은 예수님께 경배 드리는 일이 우선되어야 합니다.

사람이 하나님 앞에서 할 수 있는 가장 소중한 일은 경배와 찬양입니다. 성탄절을 통해 가치의 변화와 새로운 결단이 있어야 합니다. 즉 예배가 내 인생의 전부가 되고 최고가 되어 하나님께 영광 돌려야 합니다. 하나님께 영광 돌리는 자녀는 하나님이 주시는 평강과 복을 경험할 수 있습니다. 타락한 인생은 예배를 멀리합니다. 예배를 멀리하는 인생은 늘 시험에 빠지고 불평 속에서 살게 될 뿐만 아니라 감사할 일이 일어나지 않습니다.

따라서 성도들은 예배에 집중하고 예배자로 주님 앞에 날마다 바로 서야 합니다. 바로 서지 않는다면 악한 영의 미혹을 받습니다. 그러므로 일평생 예수님께만 경배 드려야 합니다.

"이에 예수께서 말씀하시되 사단아 물러가라 기록되었으되 주 너의 하나님께 경배하고 다만 그를 섬기라 하였느니라"(마 4:10)

2. 성탄절의 참된 의미는 예수님이 누구이신지 바로 아는 것입니다

우리가 경배 드리는 대상은 삼위일체 하나님이십니다. 성탄절의 주인공은 교회도 아니고 성도도 아닌 예수 그리스도이십니다. 예수님은 '우리를 죄에서 구원해 주신 구원자'이십니다. 그래서 우리는 예수님께 평생토록 예배드려야 합니다. 그리스도는 '기름부음을 받은 자'입니다. 구약 성경에 보면 기름부음을 받은 자는 '왕, 제사장, 예언자' 입니다. 바로 구약성경에서 기름부음 받은 자는 예수 그리스도의 그림자였습니다. 그들은 모두 다 흠이 많았고 연약하고 부족했습니다. 그러나 이제 예수 그리스도는 온전한 왕으로 제사장으로 예언자로 기름 부음 받은 자로 이 땅에 오셨습니다. 특별히 마태복음은 예수님이 왕으로 오심을 기록하였기에 1장의 족보도 왕의 족보입니다. 동방박사도 왕께 경배를 드렸습니다. 예수님은 장차 온 인류의 왕으로 오실 것입니다. 또한 예수님은 영원한 제사장으로 오셔서 온 인류와 우리들의 죄를 대신 지시고 십자가에서 피 흘리시며 죽으시고 부활하셨습니다. 그리고 예수님은 하나님 나라를 선포하신 예언자이십니다. 이처럼 예수님에 대하여 바로 알고 경배 드리는 날이 성탄절입니다.

"시몬 베드로가 대답하여 가로되 주는 그리스도시요 살아계신 하나님의 아들 이시니이다"(마 16:16)

3. 성탄절의 참된 의미는 고백이 넘치는 예물을 준비하는 것 입니다

동방박사들은 보배 합을 열어 황금과 유향과 몰약을 예물로 드렸습니다(11절). 황금은 그 당시 왕에게만 드리는 최고의 선물이었습니다.

예수교대한성결교회와 성결대학교를 설립한 영암 김응조 목사님은 동방 박사가 드린 세 가지 예물에 대하여 황금을 드림은 왕의 형상임을, 유향을 드림은 제사장의 상징임을, 몰약은 속죄의 상징임을 그의 저서 성서 대 강해에서 밝히고 있습니다. 아기 예수께 황금을 드린다는 말은 예수님은 나의 왕이라는 고백입니다. 이 고백으로 경배를 드렸습니다. 유향은 제사장이 성전에서 향기를 내기 위해 피우는 향입니다. 예수님은 나의 영원한 제사장이라는 고백입니다. 몰약은 죽은 사람의 시체에 바르는 약으로 예수님의 수난과 죽음을 나타냅니다. 바로 예수님이 우리의 구원자 되심을 고백하는 것입니다.

동방의 박사들의 예물에는 '당신은 나의 왕이시며, 나의 영원한 대제사장이시며, 나의구원자가 되십니다.' 라는 고백과 헌신이었습니다. 동방의 박사들에겐 이런 고백이 담겨진 경배와 섬김과 헌신들이 있었기 때문에 기쁨과 감격이 있었던 것입니다. 성탄의 예물은 많이 드리느냐, 적게 드리느냐가 문제가 아니라 예물에 내 마음의 고백이 담겨져 있느냐 없느냐의 문제인 것입니다.

성탄절은 예수님을 "나의 왕, 나의 중보자, 나의 구원자"로 고백하며 경배 드리는 시간, 나의 헌신을 드리는 결단의 시간이 되어야 합니다.

"집에 들어가 아기와 그 모친 마리아의 함께 있는 것을 보고 엎드려 아기게 경배하고 보배합을 열어 황금과 유향과 몰약을 예물로 드리니라"
(마 2:11)

말씀 실천하기
* 나는 예수 그리스도를 어떻게 고백하고 있습니까?
* 이번 성탄절에 주님께 나를 어떻게 드리겠습니까?

합심 기도하기
* 교회와 세상이 성탄절의 의미를 바르게 알게 하소서.
* 구원자 되신 예수님을 경배하는 날이 되게 하소서.